英語教師力アップシリーズ ④

江藤秀一・加賀信広・久保田章 監修

授業力アップのための
英語授業 ㊞実践 アイディア集

小田寛人・江藤秀一 [編]

開拓社

「英語教師力アップシリーズ」

　本シリーズは英語教師として知っておくべき基礎知識を提供するものです．日々の授業は教科書に添って行われていますが，教科書の内容を学習者によりわかりやすく，より楽しく，より豊かに教えたいというのは英語教師の誰もが持つ願いでしょう．そんな願いを叶えるには，英語の背景的な知識が不可欠です．本シリーズは英語教師として知っておくべき英語圏の文学的・文化的知識，英語学の知識，そして最新の英語教授法を含む種々の英語教授法と授業の工夫の実践例，さらには校務をこなす上で必要な英語についての情報を提供します．

　本シリーズが現場の先生方および英語教師を目指している方々にお役に立てることを編者一同願っております．

江藤秀一・加賀信広・久保田章

は　し　が　き

　本書の読者の多くが，現役の英語教師またはそれを目指す方々かと思われ
ますが，英語教師に限らず，教師とは，「学び」ということに関して責任を
果たすべき使命を負っています．また，授業の中で，生徒に学ぶ意欲や自信
を与え，「主体的・対話的で深い学び」を与えることが求められていますが，
そうした「学び」を実現できるように，多くの教師が，授業改善に向け，
日々努力されていることかと思います．そのような中で，生徒たちが主体的
に学ぼうとする意欲を高める方法，生徒同士の対話的活動を効果的に行う工
夫，自分の意見を構築し発表できるようにするポイント，授業の狙いに即し
た力を定着させるアイディアなど，参考となる指導法，工夫，アイディアの
具体的な実例があれば，と願う教師は多いことと思います．

　本書では，そんな要望に応えるべく，現場教師が試行錯誤を重ね，工夫を
凝らした授業の実践例を紹介しています．その中には，大小さまざまなアイ
ディアが散りばめられています．例えば，ペアでの英問英答の単純な対話
に，さらに 1 文を必ず付け加えるように指示してみます．"Where are you
from?" の質問に "I'm from Osaka." と答えた生徒は，即興でそれに続く 1
文を考え，対話を続けます．"I'm from Osaka." のあとに，"Osaka is a big
city." と付け加えられるだけで，対話がさらに続いていく可能性が生み出さ
れ，学びがぐっと深まり，生徒の主体性が育っていきます．この Ask, An-
swer, Add という一連の活動を，「AAA（トリプル A）」とでも名付けて行
えば，生徒も楽しんで活動してくれるのではないかと思います．読者の皆様
がそれぞれ本書の実践例を試していただき，さらには生徒の実態に応じて一
工夫加えていただいて，本書にありますアイディアをさらに進化させて活用
いただけたらと願っております．

　本書の構成は，第 1 章「コミュニケーション力をつける活動」，第 2 章「文
法力をつける活動」，第 3 章「語彙力をつける活動」，第 4 章「読解力をつけ

iii

る活動」，第5章「英作文力をつける活動」となっております．便宜上，主に養成したい技能別に章立てをしてありますが，ほとんどの活動が，「聞く」「話す」「読む」「書く」という英語の4技能を総合的，かつ統合的に取り入れた活動となっています．それぞれの活動には，単発の実践例もあれば，帯活動として数週間継続して行うものもあり，またレッスン導入時に向いた活動例もあれば，復習として行うのに効果的なものもあります．中にはゲーム性を取り入れて生徒の集中力を高める活動もあれば，作品を作るなど主体的に行う課外活動にまで発展させる指導の例もあります．生徒がペアを組んで行うものには ペアワーク ，グループで行うものには グループ ，クラス全体の前でプレゼンテーションを行うものには プレゼン というマークを付け，それぞれの活動形態を明示してあります．

「英語の授業は英語で行う」ということで，本書で紹介しております活動のほとんどは，生徒が日本語を介さずに英語で理解できるような授業展開を念頭に作成してありますが，活動の中には，生徒の実態や授業の狙いに応じて，あえて日本語を介入させて行う活動も紹介しています．授業の目標達成のために，手段として言語活動を行うのであり，その活動自体が授業の目的・目標ではないという考え方からのものです．

授業で最も大切なことは，毎日の授業を小さな成功体験の場にすること，そして生徒が学習者として自信を高められるようにすることだと考えております．本書の活動例が授業の活性化をもたらし，生徒たちの興味を喚起し，深い学びに結びつくことを願っております．

最後になりますが，本書の刊行に際してご尽力いただきました開拓社の川田賢氏，アイディアを寄せていただきました執筆者の皆様，イラストを担当していただいた鈴木里実子さん，そして英文校閲に関わっていただいたDavid William Hunt 氏に心より感謝申し上げます．

2018 年 8 月

編者　小田寛人・江藤秀一

目　次

「英語教師力アップシリーズ」
はしがき

第1章　コミュニケーション力をつける活動

1 友だちクイズ
　──インタビューをしながらクイズを作る ……………………〈中学生向け〉　2

2 クラスメートを紹介しよう！
　──時制学習の確認を兼ねて ………………………………〈高校生向け〉　7

3 クイズで異文化理解
　──スライド活用のリスニング ………………………………〈中学生向け〉　14

4 ストーリー・リテリング（1）
　──絵カードを用いて ……………………………………〈中学2年生以上〉　21

5 ストーリー・リテリング（2）
　──グループワーク・リポーティング …………………〈中学2年生以上〉　28

6 ストーリー・リテリング（3）
　──口頭サマリーから英作文へ ………………………………〈高校生向け〉　33

7 間違い探し昔話
　──主体的に英語を聞かせる …………………………………〈中学生向け〉　38

8 毎日チャット
　──絵カードを用いて雑談を楽しむ …………………………〈中学生向け〉　41

9 即興スピーチに挑戦！（1）
　──日替わりトピックで会話力を養う ………………………〈高校生向け〉　44

10 即興スピーチに挑戦！（2）
　──ワードカウンターを使って1分間スピーチ ……………〈高校生向け〉　49

v

第2章　文法力をつける活動

1 **冠詞もぐらたたき**
──楽しみながら冠詞を学ぶ ························〈中学生向け〉　56

2 **部屋の紹介**
── Is there ...? / Are there ...? の導入 ·············〈中学生向け〉　63

3 **イメージ化して捉える前置詞**
──There is 構文と前置詞 ·······················〈高校生向け〉　70

4 **犯人を捜せ！**
──人称の使い分けに慣れる ·····················〈高校生向け〉　75

5 **となりの朝ごはん**
──会話を通して過去形の復習 ····················〈中学2年生〉　81

6 **暗唱カードゲーム**
──動詞の活用（原形，過去形，過去分詞形）·········〈高校1年生〉　88

7 **優れもの『それ』とは訳さない it**
──形式主語の it に慣れる ····················〈中学2年生以上〉　92

8 **英文カルタで文のつなぎ方に慣れよう**
──複文，副詞節，接続詞の理解 ··················〈高校生向け〉　99

9 **文をつなぐ関係代名詞**
──which, who, that を定着させる ···············〈高校1年生〉104

10 **私の手の内わかるかな？**
──ゲームで関係代名詞 what を学ぶ ·············〈中学3年生以上〉111

第3章　語彙力をつける活動

1 **なんでもアルファベット**
──アルファベット絵カードで語彙指導 ··············〈中学1年生〉118

2 **ポイント制ビンゴ**
──継続的に行う語彙力確認活動 ··················〈中学生向け〉125

vii

3 ジェスチャーマラソンゲーム
　——ノンバーバル活動による語彙力確認 ……………〈中学生向け〉131

4 ファミリー・ツリー (Family Tree)
　——自分の関係者を紹介する ………………………〈中学生向け〉135

5 職業について考える
　——分類による語彙の定着 …………………………〈高校生向け〉142

6 有名人を説明しよう
　——程度を表す副詞 ………………………………〈中学2年生以上〉151

7 語源の活用で語彙補強
　——接頭辞・接尾辞を学ぶ …………………………〈高校生向け〉155

8 語彙の瞬発力をつける
　——電子フラッシュカードの利用 ………………〈中学2年生以上〉160

9 ペアで、その場で語彙力 UP！
　——繰り返しの効果を狙う …………………………〈高校生向け〉163

第4章　読解力をつける活動

1 世界へのパスポート
　——手順を読んで作品を完成させよう！ ………〈中学3年生以上〉170

2 ワイガヤ in class
　——主体的な読みを促す Pre-reading 活動 …………〈高校生向け〉177

3 和訳を利用したスラッシュ・リーディング
　——対訳形式の応用 …………………………………〈高校生向け〉184

4 スラッシュ・リーディングによる音読指導
　——音読からリテリングへ …………………………〈高校生向け〉189

5 主体的な読みを促す設問作り
　——コミュニケーション活動につなげるリーディング授業 …〈高校生向け〉196

6 トピック・センテンスと談話標識
　—— Paragraph Reading と Summary ………………〈高校生向け〉203

viii

7 ガリヴァーはどんな人か
——文学作品を活動的な学びの教材に用いる ………………〈高校生向け〉210

第5章　英作文力をつける活動

1 マンガ絵日記
——1日の生活を英文で伝える …………………………〈中学1年生〉218

2 行きたい国を紹介する
——理由を述べる英文を書く ……………………………〈中学生向け〉222

3 ご当地カルタを作ろう
——読み札を英文で作る …………………………………〈中学生向け〉227

4 力を合わせて英作文
——CST（Collaborative Story Telling）…………〈中学2年生以上〉230

5 ファンレターを書こう（A Fan Letter Project）
——世界の人々に手紙を送る ……………………………〈中学2年生以上〉236

6 サンキュー・カードを書こう
——自分の思いを伝える活動 ……………………………〈中学生向け〉241

7 旅行計画を立てよう
——パンフレット作成から発表まで ……………………〈高校生向け〉245

8 簡易ディベート
——即興で意見をまとめて書く …………………………〈高校2年生以上〉251

索　　引 ………………………………………………………………… 261

執筆者一覧 …………………………………………………………… 265

第 1 章

コミュニケーション力
をつける活動

1 友だちクイズ
──インタビューをしながらクイズを作る 〈中学生向け〉

課題の概要と狙い

　中学生段階では，三人称単数現在形，助動詞 can などを学習したあとに，友だちのことをクラスの仲間に伝える活動はよく実践されている．しかし，すでに知っている仲間同士での繰り返しの活動ではマンネリ化してしまい，仲間のことを英語で聞きたい！という思いになる生徒はそれほど多くはないであろう．

　本活動は，友だちの好みや趣味などの情報から，クラス全体でその人物を推測し当てる活動である．ペアになって相手の好みや趣味を聞き出し，その情報をメモにしてまとめる．それをもとにクイズ形式でクラス全体に友だちを紹介することによって，活発なコミュニケーション活動を促そうとするものである．

　友だちへのインタビューを通して，クイズのネタを探していく．「みんなが知らないことを答えにしたい」，「すぐには正解されたくないが最後には当ててほしい」というような気持ちを英語で表現していくことで，主体的に学ぼうとする意欲を高めることができる．

　この活動では，伝わりやすい表現や仲間に推測してもらえるような表現を考えようとする姿勢を育むことを狙いとする．

教材・用具等

　・ワークシート "This is my friend! FRIEND QUIZ!!"（p. 6 参照）

2

・クイズ原稿を書く用紙またはノート

・ピンポンブザー（クイズの正解不正解用）（p. 82 参照）

手　順

Activity 1　インタビューをする

（**1**）　クラスの中でペアを作る.

（**2**）　ペアが決定したら，どのようなことを質問するかを考えさせ，ワークシートの Question 欄に書かせる.

〈質問例〉

・What do you do on Sundays?

・What do you do on Saturdays?

・Do you play video games?

・How many video games do you have?

・When did you start to play sports?

（**3**）　ペアワーク　生徒は，お互いにワークシートの Question を質問し，その答えをメモする. 事前に作っていない質問でも，その場で気になったことは質問してもよいことにする.

〈ペアでのインタビュー例〉

S1:　What do you do on Sundays?

S2:　I play tennis with my friends.

S1:　Does your family play tennis, too?

S2:　Yes, they do.　My father is a good tennis player.
　　　He teaches me tennis.　He is a good teacher for me.

S1:　When did you start to play tennis?

S2:　When I was 8 years old.

S1:　What do you do on Saturdays?

S2:　I play video games.

S1:　Really?　I didn't think you played video games.

S2: I love games. My father loves games, too.

S1: Do you play tennis games?

S2: No, we play action games together.

S1: Do you like Mario or Princess Peach?

S2: I don't like Mario or Princess Peach. I like Kuri-bo.

Activity 2　クイズ大会

（**1**）　ペアから聞いた回答のメモを参考に，クイズ原稿をノートなどに作成させる．生徒には，あらかじめ「最初からみんなが知っていることを紹介してしまうと，すぐに当てられてしまうのでおもしろくない」という気持ちをもたせておきたい．

〈クイズ用原稿の例〉

This is my friend. My friend likes sports and video games. My friend's father likes them, too. My friend's favorite games are action games. My friend likes to play games on Saturdays, and play tennis on Sundays. I didn't think he played games, but he loves them. Who is he?

（**2**）　クラス全員のクイズ原稿を回収し，教師または ALT がそれを読む．作成者が読んで出題するとインタビューの様子を見ていた友だちが英語を聞く前に当ててしまうので，教師または ALT が読むようにする．出題中に次々と手が挙がるので，指名した際には途中で読むのを止め，答えを言ってもらう．途中で正解した場合は，正解したあとに必ずクイズ原稿の最後まで読んでから次に続けたい．

（**3**）　答えがわかった生徒は挙手して紹介された人がだれであるのかを当てる．ピンポンブザーなどの小道具がある場合は，出題する際にぜひとも活用して雰囲気を作りたい．また英語教科係などがいれば，スコアを記録させたり，正解した生徒にステッカーを配付させたりするような役目を与えて活躍させたい．

指導上のポイント

（1）　本活動では，三人称単数現在形，助動詞 can を学習したあとであれば，どの学年でも可能であると思われるが，クラスがかわってから少し時間が経ち，お互いのことが少しわかったところで活動として取り入れるとよい．お互いのことをもっと深く知りたいという状況の中で本活動を行えば，英語がコミュニケーションの手段として機能することを実感できるからである．

（2）　最後まで当たらないのも，紹介される生徒にとっては寂しいことである．ただ紹介するのではなく，クラス全体で推測し最後には当ててもらおう！という仲間を認めていくような雰囲気に包まれる紹介にしたい．

（3）　ペアの相手が決まっていることで，「TV ゲームをしそうだ」「野球以外のスポーツもするのではないか」「犬が好きそう」と推測した質問をあらかじめ作ることができ，質問を作ることも楽しく感じるはずである．

（4）　辞書などを用いてもよいが，本人もわからないような難しすぎる語句は避け，クラスのだれもがわかる英語表現を意識させたい．クイズ用原稿では he を例にしたが，she / he, this で行う方法もある．

（5）　お互いに質問し合い答えをメモしてクイズ用の原稿に書きかえていく際に，当然未習の単語（特に名詞や動詞）が出てくるだろう．その際には，すぐに日本語に頼らず，伝わりやすい英語を用いてパラフレーズしたり，場面を英語で説明したりして，英語で伝えようとする姿勢を大事にしたい．

教材の応用例

（1）　集団の実情に合わせて，グループ対抗にして点数を競ったり，お手つきルールを導入したりすると盛り上がる．

（2）　友だちだけでなく，学年の他の教師を紹介の対象者にすると，より生徒が興味関心を示して，より活発なコミュニケーションが期待される．

〈教師へのインタビュー質問例〉
・What are your hobbies?
・What do you do on Sundays?
・Why did you become a teacher?

（稲葉英彦）

This is my friend!　FRIEND QUIZ!!

Class（　）　No.（　）　Name（　　　　　　）

1.　Make some questions for your partner. You'll ask them later.
2.　Take notes about your partner's answers.
3.　Write about your partner.

Question 1: _____ ?

Answer（memo）:

Question 2: _____ ?

Answer（memo）:

Question 3: _____ ?

Answer（memo）:

Question 4: _____ ?

Answer（memo）:

Question 5: _____ ?

Answer（memo）:

Other secret information（Memo）

2 クラスメートを紹介しよう！

──時制学習の確認を兼ねて 〈高校生向け〉

課題の概要と狙い

　高等学校には，いろいろな中学校から生徒が入学しているので，入学時にお互いの顔と名前が一致しないことがある．したがって，入学後の最初の授業では，英語の授業においてもしばしば生徒が英語で自己紹介をすることが多い．

　本課題は，単に英語で自己紹介をするのではなく，コミュニケーション活動をしながら，クラスメートについて情報を得て，それを英語でまとめてクラスに紹介するという形をとるものである．具体的には，まず隣の席の生徒同士でペアワークをして，中学校時代のことについて尋ね合う．次に，高校時代に何をしたいと考えているかについて尋ね合う．最後に，相手について聞いたことを英語でまとめて，ペアの相手をクラスの前で紹介する．

　これらの対話的活動で，クラスメートについて知るきっかけになるのはもちろんであるが，本課題にはリスニング，スピーキング，ライティングの3つの活動が盛り込まれているとともに，中学校で学んだ英語の復習をすることにもなるので，高校で学習する英語の橋渡しができる．

教材・用具等

・ワークシート 1 "Activity 1: Your Classmates in the Past" (p. 12 参照)，
・ワークシート 2 "Activity 2: Your Classmates in the Future" (p. 13 参照)

7

手　順

Activity 1　入学前のことについて尋ねる

（1）　ワークシート 1 を使って，相手に質問したい内容をメモの形にして英語でまとめさせる．ここでは最初の氏名を尋ねることを除いては中学時代について尋ねることにする．したがって，過去形を用いることになる．Yes, No で答える疑問文を作るのではなく，5W1H を用いた疑問文を作るよう指導するなど，生徒の習熟度に応じた指導をしたい．

（2）　最初の質問は生徒が英語で尋ねやすいように 2 つ程度教師が与えておき，後半の質問は各自で考えさせる．

〈質問例〉

1. 共通の質問：What junior high school did you go to?
2. 共通の質問：How did you go to junior high school from your home?
3. 各自の質問：Where did you go for a school trip?
4. 各自の質問：What is your best memory of your junior high school days?

（3）　ペアワーク　英語で質問を完成したら，ペアの一人が相手に質問し，相手の答えを英語でメモする．

（4）　ペアワーク　質問者と回答者を交代し，（3）の活動を行う．

Activity 2　入学後のことについて尋ねる

（1）　ワークシート 2 を使って，高校入学後にやってみたい事や将来の夢などについて，英語での質問を作らせる．したがって，ここでは現在形や未来を表す表現を用いることになる．疑問文の作り方については，Activity 1 と同様に，生徒の習熟度に応じて指導する．

（2）　将来の夢やそのために何をしなければならないかについての後半の質問は，生徒が英語でまとめやすいように教師が与えておき，前半の質問は各自で考えさせる．

〈質問例〉

1. 各自の質問：What club do you belong to now?
2. 各自の質問：What are you interested in?
3. 共通の質問：What do you want to be in the future?
4. 共通の質問：What do you have to do to realize this dream?

(**3**) ペアワーク 英語の質問が完成したら，ペアの1人が相手に質問し，相手の答えを英語でメモする．

(**4**) ペアワーク 質問者と回答者を交代し，(3) の活動を行う．

Activity 3　クラスメートを紹介する

(**1**) プレゼン ワークシート1，ワークシート2をもとに，クラスの前でペアの相手を紹介させる．場合によっては，This is ＿＿＿＿. He / She graduated from ＿＿＿＿. といった文を提示するなど，生徒の習熟度に応じた指導を心掛けたい．

(**2**) (1) の活動を英文にまとめさせる．下の例では，下線部の because や so を用いて文と文の関係をわかりやすく結んでいる．英文はパラグラフの形にまとめるとともに，このような結束性[1]にも注意しながら書かせたい．

〈紹介英文例〉

　This is Suzuki Ken. He graduated from Tsukuba First Junior High School. He walked to school, because it was very close. He went to Kyoto and Nara for his school trip in the ninth grade. His best memory of his junior high school is the school festival in the eighth grade.

　He is interested in computers now. He belongs to the computer club now. He wants to be a computer programmer in the future. So he will study math and computer to realize his dream.

---

[1] 結束性 (cohesion)：語と語，文と文が明示的に互いに結びついてテクストを構成すること．結束性を生み出すものとして，接続詞や照応表現がある．(『改訂版　英語教育用語辞典』より)

第1章　コミュニケーション力をつける活動

指導上のポイント

（**1**）　Activity 1 では過去形を用いて答えることになるが，動詞の活用を十分に習得できていない生徒には，その復習をさせたい．質問をうまく考えられない生徒のために，ここでは教師が例を示しているが，できるだけ生徒自身で考えさせたい．生徒のコミュニケーション活動をより円滑に進ませるために，最初はあまり問いの質を問わないほうがよい．

（**2**）　Activity 3 は，クラスメートを口頭で紹介し，その紹介文を英語で書く活動である．英文を書かせるときには，文法的に正しい英語を書かせるだけでなく，英語のパラグラフの構造にも注意させたい（第4章6，p. 204参照）．

解答例

Activity 1

1. What junior high school did you go to?

   I went to Tsukuba First Junior High School.

2. How did you go to junior high school from your home?

   I went there on foot, because it is very close to my house.

3. Where did you go for a school trip?

   We went to Kyoto and Nara for our school trip.

4. What is your best memory of your junior high school days?

   My best memory of my junior high school days is the school festival.

Activity 2

1. What club do you belong to now?

   I belong to the computer club.

2. What are you interested in?

   I'm interested in computer programming.

3. What do you want to be in the future?

   I want to be a computer programmer in the future.

4. What do you have to do to realize this dream?

I have to study math and computer now.

教材の応用例

（**1**）　なお一層活発なコミュニケーション活動を促すために，口頭で紹介したあと，聞いている生徒たちから，質問をさせる活動を行う．

（**2**）　プレゼン　Activity 2 を参考にして，将来の夢についてのスピーチ原稿を作成させる．その作成に際しては，Activity 2 でのやり取りに終わることなく，さらに英文を付け加えるように指導したい．原稿ができたら，クラスの前でスピーチをさせる．なお，スピーチをするときには，"Look up and say." などと言って，できるだけ原稿を見ないように指導したい．

参考文献

白畑知彦ほか『改訂版 英語教育用語辞典』大修館書店，1999.

（山﨑浩之）

Activity 1: **Your Classmates in the Past**

Class (   )　No. (   )　Name (　　　　　　)

1. Make some questions for your partner. You'll ask them later.
2. Take notes about your partner's answers.
3. Write about your partner.

Question 1:　What junior high school did you go to?

Answer (memo):

Question 2:　How did you go to junior high school from your home?

Answer (memo):

Question 3:　_____?

Answer (memo):

Question 4:　_____?

Answer (memo):

2 クラスメートを紹介しよう！——時制学習の確認を兼ねて   13

Activity 2: **Your Classmates in the Future**

Class (　) No. (　) Name (　　　　)

1. Make some questions for your partner. You'll ask them later.
2. Take notes about your partner's answers.
3. Write about your partner.

Question 1: _____ ?

Answer (memo):

Question 2: _____ ?

Answer (memo):

Question 3: What do you want to be in the future?

Answer (memo):

Question 4: What do you have to do to realize this dream?

Answer (memo):

3 クイズで異文化理解

──スライド活用のリスニング 〈中学生向け〉

課題の概要と狙い

　教科書の異文化理解を扱った単元が終了したあとに，復習をしながら，異文化理解を深めると同時にコミュニケーション能力を高めていくことを狙いとする．

　本活動は，写真やイラストなどの視覚情報をヒントに，異文化についての英語音声クイズを行うものである．クイズの質問および答えの選択肢の英文は音声のみで行うこととし，リスニングが中心のコミュニケーション活動となる．答えの確認のために，あとで質問や答えの英語を視覚的に確認し，同時に異文化についての情報も深めていく．教科書では扱われていない外国のさまざまな事物についても，クイズ形式で簡単に紹介でき，生徒の興味を広げていくことになる．

　スライドを活用することで，テンポよくクイズを進めていくことができる．サバイバルクイズで競わせることで，集中力を高め，質問を聞き取る力，その質問に答える力を楽しみながら身につけることができる．

教材・用具等

・スライド教材（p. 20 参照）：教科書の内容から，クイズのネタとなる写真やイラストと，クイズの質問とその答えの選択肢3つを，パワーポイント（PowerPoint）を使って15〜20問程度作っておく．以下の例のように，クイズ1問につき，出題時に見せるスライド（写真・イラスト）

3 クイズで異文化理解──スライド活用のリスニング　　15

1枚と確認時に見せるスライド（質問・選択肢）1枚を作成しておくとよい．パワーポイントを使えない場合は画用紙等を使用して示してもよい．

〈写真・イラスト例：韓国の街の風景〉　〈質問・選択肢例〉

What is the capital city of Korea?
(1) Beijing.
(2) Seoul.
(3) Hanoi.

手　順

Activity 1　例を示してクイズ方法を理解させる

　クイズに関する写真またはイラスト（ここでは例として韓国の街の風景）を示し，クイズのやり方を説明する．具体例を示してこれからやることを生徒に理解させる．

〈例〉

　　T:　Let's try "Survival Quiz." Everybody, stand up.
　　　　First, I'll show you some pictures.
　　　　Second, listen to a question and three answers.
　　　　Choose the right answer from (1), (2), (3).
　　　　Then show me the number with your fingers like this.
　　　　If you make a mistake, you have to sit down.
　　　　Here is an example.（韓国の街の風景を見せる）
　　　　Question:　What is the capital city of Korea?
　　　　　(1) Beijing.
　　　　　(2) Seoul.
　　　　　(3) Hanoi.
　　　　Show me the number with your fingers.
　　S:　（生徒は正解と思う番号を指で教師に示す）

16 　　第1章　コミュニケーション力をつける活動

T: The answer is (2), Seoul. If you made a mistake, sit down, please.

（このあとに，質問文と答えの選択肢をスライドに写し，内容を確認する．）

T: Do you understand? ... OK, let's start!

Activity 2　クイズ大会を行う

（**1**）　クイズに関連する写真やイラストをスライドで見せて，クイズを出題していく．不正解の生徒は着席し，正解した生徒は立ち続けクイズを続けていく．

〈例〉（モニターにフライトスケジュールの写真を表示する）

T: Here is Question 1.

> How long does it take from Tokyo to London by airplane?
> (1) About 3 hours and 30 minutes.
> (2) About 6 hours and 30 minutes.
> (3) About 12 hours and 30 minutes.

Show me the number with your fingers.

The answer is (3), about 12 hours and 30 minutes.

All right! Let's check.

（**2**）　以下，質問を続けていき，生き残りが1名または0名になるまで続ける．その際に，教科書の単元にはなかった異文化に関する出題を入れていく．

〈異文化に関する出題例：ここではアメリカ英語（American English）とイギリス英語（British English）の違いについてのクイズ例を2つ挙げる〉

T: How about this question?

（フライドポテトの写真を表示する）

3 クイズで異文化理解——スライド活用のリスニング　　　17

> What do you call these in British English?
> (1) British fries.
> (2) French fries.
> (3) Chips.

What do you think? OK, show me the number.

The answer is (3). If you made a mistake, sit down, please.

（ここで，なぜ？と思う生徒に，その理由を簡単に説明する．またアメリカ英語では fries，日本ではフライドポテトというようにいろいろな言い方があるということも合わせて伝える．）

T:　How about this question?

（缶詰の缶の写真を表示する）

> What do you call this in British English?
> (1) Tin.
> (2) Chin.
> (3) Can.

What do you think? OK, show me the number.

The answer is (1).

（「缶は，American English で 'can'，British English では 'tin' となる」という答えの正解不正解だけを示すのでなく，「tin はブリキを意味します」といったような簡単な解説を入れたりするとよい．）

指導上のポイント

（1）　単元の復習としてこの活動を行うことで，楽しく復習することができる．単元に関連する写真やイラストなどを収集しておくなど教材を準備しておくことが大切である．

（2）　クイズの質問と選択肢は，生徒の習熟度に応じて教師が 2 回繰り返して読み上げてもよい．または，もう一度聞きたい生徒には "Once more, please." と言わせてから，もう一度質問と選択肢を読み上げるようにするとよい．

（3） 異文化に関する説明をする際，できるだけ簡単な英語で説明する．

〈例〉 American people call it "can". But British people call it "tin".

（4） 生徒たちは日頃アメリカ英語には慣れ親しんでいるが，イギリス英語についてはあまりなじみがない．同じ英語でも単語の意味や表現の仕方が異なるものがあることに生徒の興味をもたせていきたい．オーストラリア英語やシンガポール英語など，グローバルな視点で英語を捉えさせる出題を用意できるとよい．

（5） 最後まで正解し続けた生徒には，チャンピオンとしてステッカーなどを獲得できるようにすれば，より意欲的に取り組ませることができる．

教材の応用例

（1） ペアワーク 生徒が自分で問題を作成し，生徒同士で問題を出し合う活動につなげる．例えば，テーマを「世界各国の首都（capital）」や「各国の主要な食べ物（food）」として，自分たちで写真やイラストを集めさせ，英語の質問文と選択肢を考えさせる．ペアまたはグループでその問題を出し合う．

〈例：S1 が S2 に White House の写真を見せて〉
　S1: Look at this picture. Question: What is the capital city of the United States of America?
　　　(1) New York City.
　　　(2) Washington, D.C.
　　　(3) Los Angeles.
　S2: (1) New York City!
　S1: That's wrong. The answer is (2). This is the White House in Washington, D.C.

（2） プレゼン 主体的な調べ学習へと発展させ，異文化理解をさらに広

げる活動を行う。例えば，語彙やスペリングにおける「アメリカ英語とイギリス英語の違い」について調べさせ，レポート作成やスピーチを行う．

〈例〉 ・地下鉄を意味する単語 (subway, underground, the tube)
　　　・スペリングの違い (color – colour, theater – theatre,
　　　　　　　　　　　　　　　recognize – recognise)

〈スピーチ例：地下鉄〉

There are some differences in vocabulary between American and British English. "Subway" is American English. And "underground" is British English. Particularly, the London Underground is called the "tube".

（鈴木洋介・小田寛人）

クイズ例

〈写真・イラスト例〉　　　〈質問・選択肢例〉

What is the capital city of Korea?
(1) Beijing.
(2) Seoul.
(3) Hanoi.

Q1

How long does it take from Tokyo to London by airplane?
(1) About 3 hours and 30 minutes.
(2) About 6 hours and 30 minutes.
(3) About 12 hours and 30 minutes.

Q2

What do you call these in British English?
(1) British fries.
(2) French fries.
(3) Chips.

Q3

What do you call this in British English?
(1) Tin.
(2) Chin.
(3) Can.

4 ストーリー・リテリング(1)

──絵カードを用いて 〈中学2年生以上〉

課題の概要と狙い

　日頃，読んだり聞いたりしたことを，自分なりにまとめて他人に伝えることはよくある．授業においても，教科書を読んだあとの活動（Post-Reading）として，その内容を即興的に伝えていく活動（ストーリー・リテリング活動）を取り入れることがよくある．かつては高校生以降の学習者の活動として取り組まれることが多かったが，今では中学生の活動でも取り組まれている．ここでは，イソップ物語の『北風と太陽（*The North Wind and the Sun*）』を例に，各生徒が必要な言語材料を学びながら，それぞれの英語運用能力を高め，自分の英語が相手に伝わった実感を積み重ねることができるような活動を行う．

　ストーリー・リテリングを用いた活動において，ただ単に物語の内容を暗記して伝えるだけでは（特にさまざまな英語レベルの生徒が混在する集団では），話し手にとっても聞き手にとっても，辛くつまらない活動になってしまう．そこで，お互いがある程度余裕をもって取り組める工夫が必要となる．ここでは，①語句やキーワードを視覚的に示す，②事前にどのように伝えようか作戦を考える時間を設ける，③全員に必要となる語句などはあらかじめ視覚的にインプットしておくことの3点を取り入れる．本活動の狙いは，単に内容を暗記して伝えるのではなく，聞き手の理解度を確認しながら話す態度を養うことである．

21

教材・用具等

・短めの英文ストーリー：本活動ではイソップ物語『北風と太陽（*The North Wind and the Sun*）』を題材とした以下の英文を例として紹介する．

〈ストーリー例：下線の語はキーワード例〉

The wind said, "Who is stronger, you or I?" The sun answered, "I am." But the wind said, "No, I don't think so. I'm stronger than you." They wanted to be strong.

"Look at that man. He's wearing a jacket. Let's take off his jacket. Can you?" said the wind. "Look at me. Easy for me." The wind tried to take off his jacket. Foo, Foo. But the wind couldn't do it. It was cold, so the man held his jacket tightly.

"Let me try." The sun was smiling at the man. It was too hot. He stopped walking, and he took off his jacket. "See? We don't need power to be strong."

・語句カード：物語について話すときにキーワードとなる語句を視覚的に示した【絵カード】とそれに対応した【単語カード】（p. 27 参照）
・キーワードを示す画用紙（各ペアに 10 枚程度）
・ミニブック用の紙（A3 用紙を配付して 8 等分に折るだけ）（応用例で使用）

手　順

Activity 1　キーワードをインプットする

（1）　グループ　キーワードを意識的に活用させるためにカルタゲームを行う．【絵カード】のみを各グループ（4 人程度が望ましい）に配付する．教師が【単語カード】を読み，生徒たちは【絵カード】を取る．バリエーションとして，【絵カード】【単語カード】両方を配り，読まれた【絵カード】【単語カード】の両方を取る，あるいはグループの中で読み手を決めて読ませ，ほかのメンバーが【絵カード】を取る，といったこともできる．

（2）　『北風と太陽』の英文を読み進める．

4 ストーリー・リテリング (1)——絵カードを用いて 23

（3） ペアワーク　生徒の理解が深まったところで，ペアを組ませ，ストーリー・リテリングの手法で物語を伝えていくためのキーワードとなる語句を画用紙に書かせる．

〈キーワードの例〉

Activity 2　ストーリー・リテリングを行う

（1） ペアワーク　キーワードが書かれた画用紙を使って，ペアで物語の内容を説明していく．

（2） ペアワーク　生徒たちはペアを次々とかえながら，キーワードの画用紙を使って物語の内容を説明していく．教師は適宜，次のようなペア交代の合図を出す．

〈例〉　T:　Now, change your partner, please. Please tell your story to your new partner.

指導上のポイント

（1）　ストーリー・リテリングの手法で物語を伝えていく際，暗唱ではなく，聞き手にわかりやすく，即興風な伝え方をするように促すことが重要である．

（2）　練習時間をあまり与えると暗唱してしまう生徒が出てくるので，あくまでもその場で即興風に説明させる．

（3）　教科書のいずれかの単元にストーリー・リテリングの手法を取り入れる場合は，その単元に入る前から，どのあたりでこの活動を行うかを考えておくことが必要である．必要となるキーワードや語句を生徒たちに意識させておく必要があるからである．

（**4**）　時間にゆとりがあれば，お互いにどのようなことが伝わったのかをペアで確認させるとよい．生徒たちが相手に伝わる表現を意識していくことにつながる．

教材の応用例

（**1**）　生徒の習熟度や題材に応じてミニブックを作らせる．英語に自信のない生徒は，ミニブックの中に英語を多少書き込んだり順番を示したりしてもよい．そのような工夫は，話し手も順番がわかりやすくなり，暗唱しなくてもその場の言葉で何とか伝えようとする姿勢につながる．

〈ミニブックの作り方〉

A3用紙を配付し，下の図のように8等分に折る．図の中央の実線部（中心から横に走る方向の線を折り目まで）に切り込みを入れる．横半分に折り，切込み部分が開くように折りたたむとミニブックの形ができる．ストーリーを4つの場面に分け，見開きのページ3つと裏表紙にその場面の絵を描く．表紙にタイトルと絵を描けばミニブックが完成する．

いずれにしても，どのように伝えていくかを視覚的にわかるような教材を作るように促していく．教科書の題材で実践する場合には，教科書中の本文をそのまま使うのではなく，「自分で選択した表現」を使わせたい．次頁のミニブック4ページ目の例のように，物語の中で一番印象に残っている部分や話者の考え（思ったこと）などをストーリー・リテリングの中に含めていくとよい．

〈ミニブックの例〉

1ページ目：太陽と北風がいがみ合う場面
The wind said, "I'm stronger than you." They wanted to be strong.

2ページ目：北風が旅人のコートを脱がそうとする場面
He's wearing a jacket. Let's take off his jacket. The wind tried to take off his jacket. But the wind couldn't do it. The man held his jacket tightly.

3ページ目：太陽が旅人のコートを脱がす場面
The sun was smiling at the man. It was too hot. He took off his jacket. We don't need power to be strong.

4ページ目：話し手の感想
Everyone wants to be strong, but we should be kind, too. Kindness is a power. I want to be like the sun for everyone.

〈ミニブック生徒作品〉

（**2**）　それぞれのペアでの活動が終わるたびに，感想を伝え合う活動を行う．台紙を用意し，感想を書いた付箋を貼っていくようにするとよい．伝わった実感が可視化され，さらに伝えたくなる動機になる．英語で感想を伝

えることで，物語について再度考えたり，キーワードを何度も復習すること にもつながる．生徒の感想は，はじめは話し方や声の大きさにかかわるもの が多いが，場数を重ねることで，内容に関するものや話し手の気持ちや思っ たことなどに関する感想が増えていくようである．

〈生徒の感想の例〉

- Your voice is clear. So I can understand your story.
- You talked in easy English. Thank you. I know your favorite part in the story.
- I like the story, too. I want to be strong, too.
- You want to be nice, not strong, right? Me, too. Nice people are always strong.
- The sun and the wind are both strong. Sometimes the sun is needed, but sometimes the wind is needed.

（3） 生徒一人一人がそれぞれ好きな物語を選び，それを伝える活動を行う．学年が上がったところで，チャレンジさせるとよい．

〈好きな物語を選んだ例〉

参考文献

NEW HORIZON English Course 2，東京書籍，Let's Read 2 "Try to Be the Only One".

TOTAL ENGLISH NEW EDITION 2，学校図書，Reading "Mother Teresa".

（稲葉英彦）

4 ストーリー・リテリング (1)——絵カードを用いて　　27

〈【絵カード】【単語カード】の例〉

 wind

 sun

 jacket

 hot

右写真は教科書の題材（Mother Teresa）で実践したカード例→

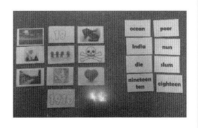

5 ストーリー・リテリング (2)
──グループワーク・リポーティング 〈中学2年生以上〉

課題の概要と狙い

　ストーリー・リテリングは，前項4（p. 21参照）のように，教科書の本文を読んだあとの活動（Post-Reading）として取り入れられるのが一般的であるが，本活動は学習の導入において，これから読む物語のあらすじをリテリングしていくものである．この活動を行えば，これから読もうとする題材のおおまかな流れを理解することができる．1人では長すぎる物語も，グループで協力し合い，物語を繰り返し再生していくことで，導入時であっても物語を再現していくことは可能である．

　本活動では，教師が生徒に物語の一部を伝え，生徒は聞き取る際に記入したキーワードメモと絵カードをヒントに，聞いた情報をグループメンバーに再現して伝える．

　本活動では，リスニング，スピーキング，ライティングの力を高めるとともに，相手に「伝えよう」という気持ちを生徒に持たせることを狙いとしている．

教材・用具等

・教科書で扱われている少し長めの物語から15～18文くらいのあらすじの英文を作成する（ここでは *TOTAL ENGLISH NEW EDITION 2*（学校図書）の Reading 2 "Red Demon and Blue Demon" から作成したあらすじを例として示す）．それを以下の例のように，①～⑤の5つ

5 ストーリー・リテリング (2)——グループワーク・リポーティング　　29

に分けておく.

〈あらすじ例〉

① Once upon a time, Red Demon and Blue Demon lived in the mountains.　They were friends.　Red Demon wanted to be friends with children.　But children were afraid of him.

② One day, Blue Demon gave advice to Red Demon.　Blue Demon had a nice idea.　But it was hard for Blue Demon.

③ Some children were playing in the village.　Suddenly, Blue Demon came and shouted, "I will hurt you."　The children were afraid and cried.

④ Then, Red Demon came and hit Blue Demon.　So, Blue Demon ran away.　The children said, "Thank you, Red Demon!　You are very kind.　Let's play together."

⑤ A few days later, Red Demon went to Blue Demon's house.　But Blue Demon was not there.　Red Demon found a letter from him and read it many times.　Red Demon cried.

・①〜⑤それぞれの場面をイラストにした絵カード (掲載省略)
・ワークシート "Group Work Reporting"（p. 32 参照）

手　順
Activity 1　ストーリーを聞いて伝える

（1）　5人一組のグループを作り，1回目から5回目までの生徒の順番を決めておく.

（2）　各グループから1人の生徒が廊下へ行き，教師からストーリーを聞く.

（3）　教師は絵カードを用いながら英語で物語の内容を伝える. 生徒はワークシートにメモをとることができる.

（4）　グループ　生徒はグループのところに戻り，聞いた内容をメンバーに英語でリテリングする. ワークシートに書いたメモを頼りに行ってよい.

1回目から5回目の生徒のリテリングは以下のように行う．リテリングを聞いているメンバーはワークシートにメモをとりながら，自分の出番を待つ．

1回目の生徒：　ストーリー全体の5分の1（①の部分）を聞き，メンバーにリテリングする．

2回目の生徒：　ストーリー全体の5分の2（①〜②の部分）を聞き，メンバーにリテリングする．

3回目の生徒：　ストーリー全体の5分の3（①〜③の部分）を聞き，メンバーにリテリングする．

4回目の生徒：　ストーリー全体の5分の4（①〜④の部分）を聞き，メンバーにリテリングする．

5回目の生徒：　ストーリーの全て（①〜⑤の部分）を聞き，メンバーにリテリングする．

Activity 2　グループでストーリーをまとめる

（1）　グループ　グループで協力し，ワークシートに英語または日本語でストーリーを「文字」として再現する．

（2）　プレゼン　自分たちのストーリーを，グループの代表がクラスの前で発表する．各グループの発表を聞くことで，内容について確認することができる．

指導上のポイント

（1）　あらすじは，未習事項も配慮しながら教師が準備する．あらすじが長くなり過ぎないように注意が必要である．

（2）　単にストーリーを暗唱させるような活動にならないように，メモを取らせ，伝えることを意識させながら行う．

（3）　英語でリテリングすることが望ましいが，クラスの習熟度に応じて日本語で伝えることも可能である．その際にはリスニングの養成であることを十分に認識しながら行う．

（4）　あくまで単元導入時の活動であり，仲間と協力することで，ストー

リーの大まかな流れを理解させることができればよい．未習の事項は，その後の単元の中で指導する．

教材の応用例

（**1**）　最後を担当した生徒が物語全体を語り，他の生徒が筆記する活動を行う．リスニングとディクテーションの練習となる．

（**2**）　ストーリー・リテリングで確認できたあらすじをもとに，あらすじに表れていない部分を想像させてストーリーを作らせる活動を行う．例えば，「青鬼の手紙には何と書かれていたか」を想像させて，ストーリーにその内容を加えさせる．

（**3**）　単元を終了した時点で振り返り，青鬼の手紙を読んだ赤鬼の気持ちになって返事の手紙を書かせる活動につなげることができる．（グループまたは個人）

〈手紙の例〉

> Hi, Blue Demon. Thank you for everything. Now I am happy to be friends with children, but I am sad because you are not here. I miss you. I want to see you again. Where are you?
>
> Your friend,
> *Red Demon*

参考文献

TOTAL ENGLISH NEW EDITION 2，学校図書，Reading 2 "Red Demon and Blue Demon".

（鈴木洋介・小田寛人）

Group Work Reporting

Class (　) No. (　) Name (　　　　　)

Memo （英語のキーワード・絵・図）

①

②

③

④

⑤

英語 or 日本語でストーリーを再現してみよう！

6 ストーリー・リテリング（3）

──口頭サマリーから英作文へ

〈高校生向け〉

課題の概要と狙い

　本活動は，毎回のリーディングの授業の最後に，その日学習した英文の内容を口頭で簡単にまとめさせて，それをパートナーに英語で伝える活動である．サマリーを口頭で伝える際には，キーワードを4つほど載せたワークシートを渡し，それを必ず用いて伝えさせることにする．学習した内容を要約する（サマリーする）活動だけでも学習の定着に有効であるが，それを限られた時間で人に伝える活動を行えば，総合的なコミュニケーション能力を高めることができる．

　本活動では，相手に「伝える」という目的をもって教科書に出てきた表現を使うので知識が定着し，口頭でサマリーを行うことで，自ら「英語を話す」という姿勢を養うこととなる．

教材・用具等

・教科書で扱われているリーディング教材の一部：1回の授業で学習した内容（ここでは *CROWN Communication English III*（三省堂）の Lesson 5 セクション4からの英文を例として示す）．

　Now, with her experience and expertise, Seya is convinced that just having knowledge and skills is not enough to find a solution. You don't go to areas devastated by war and conflicts with a ready-made solution. Seya believes that in order to find a solution, you need to meet people and listen to them.

Seya is also convinced that giving too much assistance can deprive people of the willpower to stand on their own two feet. Seya says, "All I can do is to create an option and assist them a little bit. It is up to the people on the ground to manage their own lives and society."

There is much to be done. There are not enough people. There is not enough money. There are successes, but success is limited.

Seya says, "I feel that even if we manage to create something positive, there are some situations where we cannot solve everything." Asked when her work will be over, Seya says, "Our work will be over when people tell us they don't need us anymore."

In dealing with the plight of people with different cultural backgrounds, Seya often finds herself in difficulty. But she has no regrets about choosing a career as a DDR specialist. When things get difficult, she tells herself, "Never try to find excuses for not doing something. Perhaps you may not be able to find a perfect solution to the problem, but you can start thinking what you can do to solve 10 percent of the problem. At least that's a step in the right direction."

Seya remains undaunted. Her colleagues say that she does not allow herself to be overwhelmed by emotion even in the face of terrible situations. Seya believes that it is not enough for us to sympathize with people in trouble. We must create options together with them. In the end, people must help themselves.

・ワークシート "Summary Sheet Lesson 5" (p. 37 参照)：各セクションのキーワードを４つ載せておく（ここではキーワードを日本語で示す）
・絵カード（必要に応じて）：補助的情報を追加するために使用
・タイマー：クラス全体で残り時間を確認できるように大画面のデジタルタイマーがあるとよい．

手　順

Activity 1　ペアで口頭サマリーを行う

（**1**）　生徒に1分間で，学んだ内容のサマリーを準備させる．その際に，ワークシートに載っているキーワードを必ず使用するように指示する．

（**2**）　隣の人とペアになり，じゃんけんする．

（**3**）　ペアワーク　勝った方が1分間で口頭でサマリーを言う．

（**4**）　ペアワーク　負けた方が1分間で口頭でサマリーを言う．

（**5**）　ペアをかえ，じゃんけんする．（前後の座席でペアになる）

（**6**）　ペアワーク　勝った方が1分間で口頭でサマリーを言う．

（**7**）　ペアワーク　負けた方が1分間で口頭でサマリーを言う．

（**8**）　元のペアに戻り，じゃんけんする．

（**9**）　ペアワーク　負けた方が1分間で口頭でサマリーを言う．

（**10**）　ペアワーク　勝った方が1分間で口頭でサマリーを言う．

Activity 2　サマリーを書く

Activity 1のあと，5分間で，ワークシートにサマリーを書く．

指導上のポイント

（**1**）　準備のときと，1回目，2回目までは教科書を見てもよいことにする．ただし，英語を話すときは相手の顔を見て話すことを約束させ，教科書をただ読むようなことはやめさせる．

（**2**）　最後の3回目のときは，教科書を閉じさせ，負けた方から行うようにさせるとよい．

（**3**）　書かせたサマリーは全パートが終わったら回収し，添削して返却する．単発ではなく，1年を通して毎回行いたい．

（**4**）　教師が最初にモデルを行うとよい．英文のレベルに合わせて，黒板に絵カードを貼って，補助的に追加の情報を板書する場合もある．

（**5**）　ここではキーワードを日本語で与えたが，クラスの習熟度に応じて，キーワードを英語で載せてもよい．

36 第1章 コミュニケーション力をつける活動

教材の応用例

（**1**）　キーワードをクラスで生徒たちに挙げさせる.

（**2**）　キーワードなしで行う.

（**3**）　プレゼン　次の授業の冒頭に，復習としてもう一度ペアワークを行い，1名指名し，クラスの前で口頭サマリーを実演させる. そのときはキーワード（あるいは絵）を黒板に掲示し行う.

解答例

　　Having knowledge and skills is not enough to find a solution. You need to meet the people and listen to them. There are no ready-made solutions.

　　Seya is also convinced that too much assistance may deprive the people of the willpower to stand on their own feet.

　　It is difficult to find a perfect solution to a problem, but we can try to solve 10 percent of the problem. In the end people must solve their problems by themselves.

参考文献

CROWN Communication English III, 三省堂, Lesson 5.

（寺田義弘）

6 ストーリー・リテリング (3)——口頭サマリーから英作文へ　37

Summary Sheet Lesson 5

Class (　) No. (　) Name (　　　　　)

§1　高校生のとき　ルワンダの難民キャンプ　大学生のとき　知識などが不足

§2　イギリス　ルワンダで職業訓練　シエラレオネ　国連ボランティア

§3　アフガニスタンで武装解除　スーダン　マイケル　自分を信じる

§4　出来合いの解決策　援助しすぎ　10%でも解決　自分の力で解決

7 間違い探し昔話
——主体的に英語を聞かせる

〈中学生向け〉

課題の概要と狙い

　本活動は，多くの生徒が知っている昔話を英語で聞かせるものであるが，物語中のところどころで本来の話とは違った内容を入れておき，その物語を聞かせ，どこが間違っているのかを見つけさせ，さらにその物語を即興的に再現させるグループ活動である．

　グループで活動することで，他のグループと競い合って楽しむ雰囲気にもつながるであろう．ある程度まとまった量の英文を聞くことになり，リスニング力の向上を目指すことを狙いとする．

　All English の授業が多く見られるようになったが，英語による指示は場面や状況から判断できるものも多く，「リスニング」として生徒がやってみたいと感じる題材は多いとは言えない．本活動では，生徒が主体的に英語を聞き取りたくなるような題材や状況を提供し，さらに統合的な活動につなげていくことも可能である．教科書の本文の一部を変えてストーリーを作る活動は，日頃からとり入れたい活動である．

教材・用具等

・間違い昔話のスクリプト：多くの生徒が知っている物語，例えば「桃太郎」の話に，15～20箇所程度間違いを入れておく．

〈間違い昔話の例：下線部は間違いの部分〉

Long, long ago, there were an old man and a <u>young</u> woman. The old man went to the mountain to <u>take a walk</u>, and the old woman went to the river to wash clothes. She found a big <u>apple</u> in the river. …

・グループごとのワークシート（間違いをメモする程度でも可）

手　順

<u>Activity 1</u>　聞いて間違いを探す

（1）　ALT または教師から，生徒のよく知っている昔話のタイトルを伝える．その後，物語のポイントとなるような部分に関してオーラル・イントロダクションの中で生徒に質問し，どのような物語だったのかを思い出させる．

〈オーラル・イントロダクションの例〉

T: Today, we'll read "Peach Boy", *Momotaro*, together.

　　I have some questions about it.

　　What fruit did the boy come from?

S: Uh,… a peach?

T: Yes, he came from a big peach.

　　What did he get from the old woman?

S: He got *Kibidango*.

T: Oh, how many?

S: Three.

（2）　グループ 　3〜4 人で一組のグループを作る．ALT または教師が，間違った内容を一部含む昔話をする．生徒は途中メモをとってもよいが，グループの中で話し合うのは全部聞いたあととする．

（3）　プレゼン 　グループの代表が間違った箇所を発表する．どこが違っていたかをクラス全体で共有する．

Activity 2　正しい物語を書く

グループ　間違っていた部分を全体で共有したあとに，グループで協力して正しい物語全体を英語で書いて再現する．

指導上のポイント

（1）　題材として選ぶ物語は，なるべく大勢の生徒が知っている昔話がよい．外国籍の生徒がいたり，昔話に詳しくない生徒がいたりする際には，国語で扱った題材などを簡単な英語に変えても十分楽しめる．また，前年度（2年生だったら1年次）の英語の教科書の内容を題材としてもよい．

（2）　クラスの習熟度に応じて，場面を示すような絵や写真を用いたり，キーワードを与えて生徒の理解を促したりするように配慮したい．

（3）　「聞いたあとにどのような物語だったのかを（書いて）再現する」という指示を事前に伝えておけば，間違いを探すだけでなく，「むか～しむかし，あるところに」や「鬼」，「～と言ったそうな」のような，よくある日本語での表現が，英語ではどのように表現されるか，関心をもって聞くことになる．

（4）　間違いの難易度に応じて得点を決めておき，グループごとに競い合わせると活発な活動となる．

教材の応用例

（1）　グループ　時間に余裕があれば，各グループで間違い昔話を作り，クイズにする．生徒が読んで主体的な活動にしてもよいし（この場合は「書く」「話す」活動），教師が読んで「聞く」活動に焦点をあててもよい．

（2）　グループ　授業時数に余裕があれば，各グループでオリジナル間違い昔話を作らせる．登場人物を，生徒のよく知っているタレントや学年所属の教師にすると，授業も盛り上がる．

（3）　間違いを入れて主体的に英語を聞かせる活動は，物語だけでなく普段の授業での復習に応用できる．授業の最後に，その時間で学習した英文の一部をわざと間違った表現にして教師が読み聞かせ，その間違いに気づかせる．その時間での学習の定着度を測ることができる．　　　　　（稲葉英彦）

8 毎日チャット
——絵カードを用いて雑談を楽しむ   〈中学生向け〉

課題の概要と狙い

　授業中に英語が飛び交う授業作りには，気軽に英語を話せる雰囲気作りが欠かせない．私たちは普段日本語で雑談を愉しんでいるが，英語で雑談をすることになると，語句や表現がすぐに出てこないことに加え，何を話そうか，どのように話を進めていこうか，四苦八苦する．そこで，英語入門期であっても楽しく充実した会話活動ができるように工夫する必要がある．

　本活動は，帯活動として，授業の最初の5分ないし10分を絵カードを用いて「英語で雑談する」場に設定し，「本当は言いたかったけど，言えなかったこと」を生徒自らが発見していく活動である．

　この活動の狙いは，「言いたかったが，言えなかったこと」を授業の中で共有し，それをどう表現するかを皆で考え，英語による表現力を高めていくことである．

　この活動によって，間違いを怖れずに英語を用いる雰囲気作りができ，ALTと休み時間や昼食時に自分から話しかけて会話を楽しむ生徒が増えていくことが期待できる．

教材・用具等

・絵カード（A4サイズの写真や絵）を生徒数（1人1枚ずつ）用意する．絵の内容は，スポーツ選手，キャラクター，有名な場所や建物，食べ物，芸能人など．絵カードはラミネートしておき，人物，動物，食べ

物，名所などのように種類ごとに分けておくと便利である．

〈例〉　錦織圭選手　　　　　　東京タワー

・教師用のタイマー
・毎日 Chat ノート（応用例で使用）

手　順

Activity　絵カードについて話をする

（1）　絵カードを1人1枚配付する．英語教科係に配ってもらうと，生徒同士の "Here you are." "Thank you." の練習にもなる．

（2）　ペアワーク　生徒は話す相手を見つける．教師は全員にパートナーがいることを確認してから，"Let's start." の合図で会話を始めさせる．話すことに抵抗があるうちは，じゃんけんで話し始める順番を決めておいてもよい．

（3）　1分したら "Say goodbye to your partner. Find a new partner, please." と告げる．

（4）　ペアワーク　パートナーと絵カードを交換し，生徒たちは新しいパートナーを見つけ，再度会話を始める．

〈生徒たちの会話例：錦織選手の絵カードを見せながら〉

　S1:　Do you like tennis?
　S2:　Yes, I play it every day.
　S1:　Wow. Every day?
　S2:　Yes, every day. Do you play any sports?
　S1:　Basketball. I … I'm, … I'm … club.
　　　　　　「バスケ部に入っている」が言えない←共有したい部分

S2: Basketball Club?

S1: Yes, so I play it every day, too.

S2: Tennis is interesting, so let's play tennis together.

S1: Sure.

指導上のポイント

（1）　パートナーが使っていた表現や語句を使わせるようにすれば，生徒同士で学び合うことにもつながる．時間は生徒に決めさせてもよいし，少しずつ長くしていくことも可能である．

（2）　毎日チャットのあと，「本当は言いたかったけれど言えなかったこと」「言えなくてあきらめてしまったこと」「もっとよい表現がありそうなこと」「日本語になってしまったこと」などを，毎回1つでもクラスで取り上げ，表現を考える時間を設けるとよい．「言いたかったけど，言えなかったこと」を全体の場で共有し，どのように言えそうか，今知っている語句やジェスチャーでどのようにすれば伝えることができそうか，という学び合いの場になる．同じ絵カードは次の時間には違う人のところを巡っていくため，そこで学んだ表現は使える表現となっていく．

（3）　学期に1回程度，パフォーマンス・テスト（p. 47 参照）で「趣味について」「好きな日本食について」など，与えられたテーマについてどの程度話ができるかを測ると，よいフィードバックになる．

教材の応用例

（1）　パートナーがかわったときに絵カードも交換させる．それによって，さまざまな話題に対応できる会話の続け方や話題の深め方に慣れていくことが期待できる．

（2）　全体の場で共有し，学んだ表現を『毎日 Chat ノート』にメモを取らせ，自主学習にもつなげる．表現を積み重ねていくイメージで，語句を増やしていくことが期待できる．

（稲葉英彦）

9 即興スピーチに挑戦！(1)

——日替わりトピックで会話力を養う　　　〈高校生向け〉

課題の概要と狙い

　授業の初めのウォーミング・アップでは，教師がスモール・トーク（small talk）をすることがある．それだけでもリスニング力の強化につながるが，そこから発展して生徒同士でちょっとした会話になるように工夫する．話し手にとっては自分のことについて話すので真似をするわけにはいかず工夫が必要であり，また聞き手にとっては身近な相手のことを聞くのも案外楽しいものである．自分自身の立場で，自分に関すること，自分の感情・意見等を表現するため，リアルなコミュニケーション活動となる．

　日によってパートナーを隣同士から前後にかえたり，斜め同士にしたりすることによって，同じトピックでも話す練習ができるし，異なった相手の話を興味深く聞くことができる．継続が大切なので，帯活動として毎時間5分程度を続けていけば，1年が終わる頃には，自分のことについてかなり語ることができるようになっているはずである．

教材・用具等

- small talk のテーマ：出身中学，誕生日，所属部活動，趣味，好きな食べ物，本，音楽，将来の夢など，何でもよい．ここでは一例として，「週末をどう過ごしたか」について取り上げる．特に，週の最初の授業では，週末に何をしたかを語らせるとよい．毎週同じテーマになるが，生徒が慣れてきたら条件を付けてだんだん長く話すようにさせる．

9 即興スピーチに挑戦！(1)──日替わりトピックで会話力を養う 45

手　順

Activity　即興スピーチを行う

（**1**）　教師が自分のことについて以下のように語りながら，テーマを伝える．

　〈例〉　T:　What did you do last weekend? As for me, I went to a shop-
　　　　　　　ping mall with my family last Saturday. We saw so many
　　　　　　　people in the mall and I got very tired. How about you?
　　　　　　　What did you do last weekend?

（**2**）　ペアワーク　生徒たちを起立させ，ペアでじゃんけんをさせ，勝った生徒が負けた生徒に質問をするように以下のように指示する．

　〈例〉　T:　Stand up, everyone! Do *janken* with your partner. Winners,
　　　　　　　ask your partner, "What did you do last weekend?" Losers,
　　　　　　　answer. Go!

（**3**）　だいたいのペアが終わったら，役割をかえるよう，以下のように指示する．終わったペアから着席してもよいことを告げる．

　〈例〉　T:　OK, now switch the roles. Losers, ask your partner, "How
　　　　　　　about you? What did you do last weekend?" Winners, an-
　　　　　　　swer. When you finish, please take a seat. Go!

（**4**）　プレゼン　クラスの8割くらいのペアが座ったら終わりを告げる．その後は2～3人を指名して，以下のように話をさせる．

　〈例〉　T:　OK, now, please stop. I would like to pick some of you. (何
　　　　　　　人かの生徒のそばまで行き，目を見ながら質問する) OK, Mr. /
　　　　　　　Ms. ○○ , what did you do last weekend?

指導上のポイント

（**1**）　small talk なので気負わずに話せる雰囲気を作り，自分のことにつ

いて語れるようにする．ただし，放っておくと日本語での会話になりがちなので，日本語を使わない，使ったら罰則などのルールを，最初に決めておくとよい．

（**2**） 全ペアが終わるのを待つと緊張感が薄れるので待たないほうがよい．

（**3**） 生徒が単語や短い英文で答えた場合は，教師が正しい英文を言い，その生徒またはクラス全体で繰り返させたのち，拍手で労をねぎらう．

〈会話例〉

S: Shopping.

T: "I went shopping." Repeat, please.

S: I went shopping.

T: OK, thank you. Give him a big hand.

（**4**） 生徒が慣れてきたら，長い英文を言えるように以下のように誘導するのもよい．

〈例〉 T: Oh, you went shopping. Where did you go?

S: *Gotemba* Outlet …

T: OK, you went shopping at *Gotemba* Outlet Mall. Repeat, "I went shopping at *Gotemba* Outlet Mall."

S: I went shopping at *Gotemba* Outlet Mall.

T: Good. So you went shopping at *Gotemba* Outlet Mall. With whom? With your mother?

S: No, my friends.

T: OK, with your friends. "I went shopping at *Gotemba* Outlet Mall with some of my friends." Repeat, please.

S: I went shopping at *Gotemba* Outlet Mall with some of my friends.

T: Good. When did you go shopping? On Saturday?

S: No, Sunday.

9 即興スピーチに挑戦！(1)——日替わりトピックで会話力を養う　　47

T: OK, "on" Sunday. "I went shopping at *Gotemba* Outlet Mall with some of my friends on Sunday." Repeat, please.

S: I went shopping at *Gotemba* Outlet Mall with some of my friends on Sunday.

T: Good. Thank you.

（5）　一度にいくつも増やしても定着が難しいので，上記の例なら買い物をした場所，だれと行ったか，曜日等を，順次加えるようにする．さらに慣れてきたら，2文で答えさせたり3文以上で答えるように指示を出したりするのもよい．週末の出来事が部活動ばかりになる生徒も多いかもしれないが，解答を長くさせることでマンネリ化は防げる．

（6）　クラス人数が奇数である場合は3人組ができるが，時間が限られているので，2対1にするか教師がパートナーになって話を聞くとよい．

教材の応用例

（1）　質問内容を，出身中学，誕生日，所属部活動，趣味，好きな○○，などにしてだんだん増やしていくと，1〜2ヶ月で自己紹介ができるようになる．1年生4月から始めると，前期中間テストあたりで，自己紹介をするパフォーマンス・テスト[2]につなげることができる．

（2）　自己紹介ができるようになったら，ペア活動後に個人を当てるのではなく，ペアを当てて，相手が何と答えたかを聞き出す．その際，"He / She said …"で始めるように促す．次はその例である．

〈例〉 T: OK, now, please stop it. I would like to pick some pairs and ask what your partner said. （だれかのそばまで行き，目を見ながら質問する）OK, first, this pair. Who is the winner?

S1: I am.

---

[2] パフォーマンス・テストとは，エッセイ・ライティング，プレゼンテーション，インタビュー，ペアワーク，グループ・ディスカッションなどを使ったテストのこと．実生活で使用されるスピーキングやライティングのタスクを用いる．

T: OK. You are the winner. What did she say?

S1: She went …

T: Oh, no, no. "She said she had gone …"

S1: She said she had gone shopping.

T: Oh, she said she had gone shopping. Where did she go?

S1: *Gotemba* Outlet …

T: She said she had gone shopping at …

S1: Oh, she said she had gone shopping at *Gotemba* Outlet Mall.

T: When?

S1: Sunday.

T: "On" Sunday. Say that again.

S1: She said she had gone shopping at *Gotemba* Outlet Mall on Sunday.

T: Good. How about him? What did he say?

S2: He played …

T: He said he had played …

S2: He said he had played tennis here on Saturday.

T: Good. Thank you. Next pair is …

（3）　さらに慣れてきたら質問する側も複数の質問をするように促す．半年ほど続けると，相手の情報を聞き出す会話のパフォーマンス・テストにつなげることができる．

（4）　また，スピーキング中心の活動では，正確さの面がおろそかになりがちなので，"What I like to do."（私の好きなこと）のようなタイトルでエッセイを書かせるとよい．エッセイは可能な限り教師が添削をするとよいが，書き慣れさせることが目的であれば，文法的におかしいところに下線を引いて自分で直させてもよい．また，ペアで間違いの発見と訂正をさせた上で，教師が添削するのもよい．

（田並　正）

10 即興スピーチに挑戦！（2）
——ワードカウンターを使って1分間スピーチ 〈高校生向け〉

課題の概要と狙い

　本活動は，即興スピーチに挑戦することを主たる狙いとし，限られた時間の中で自分が伝えたいことを表現する「1分間スピーチ」を行う．最初のうちはスムーズにいくよう3分間程度の準備時間を与えるが，慣れるに従い準備時間を短くしていき，最終的には「テーマ」を与えたらすぐにスピーチを行うところを目指したい．導入 (introduction)，本論 (body)，結論 (conclusion) の流れで，本論の部分をどうやって膨らませられるか，やってみると教師にとっても難しい活動である．

　スピーキングにおいて日本人は正確さを重視しがちであるが，本活動では流暢さを重視し，できるだけ多くの発話をさせていく．発話数は，西巌弘氏発案のワードカウンターを使って評価する．帯活動で行うことで，回を重ねる度にスピーキングに対する抵抗感を払拭させていくことができる．即時的な発話への挑戦は学習者の判断力や表現力を養うことにつながる．

教材・用具等

・ワードカウンター用紙 (p. 53 参照)
・1分間スピーチ記録用紙 (p. 53 参照)
・タイマー

手　順

Activity　1分間スピーチを行う

（**1**）　生徒に本日のトピックを提示する．ここでは music を例にする．

（**2**）　提示したトピックに関して，3分程度の時間を与えて，思いつくこと，伝えたいことを考えさせる．メモを取らせてもよいし，マッピング（次頁を参照）をさせる方法もある．そして，1分間スピーチの大まかな流れを考えさせる．

〈指示例〉

T:　Talking of music, what do you think of?　Write down any words or expressions that come to mind.

T:　Next, think about how to use the words and phrases to express your ideas.

（**3**）　ペアを作り，じゃんけんをさせる．

（**4**）　ペアワーク　勝った生徒（S1）は，負けた生徒（S2）に向かって，トピックについて1分間英語を話し続ける．その間 S2 は，ワードカウンター用紙の数字を指でたどり，S1 の発語数を数え記録する（次頁のワードカウンターの使い方参照）．

〈指示例〉

T:　Now, continue to talk for one minute.　S1, talk about music.　S2, count how many words your partner is saying, while following the numbers with your finger on the Word Counter Sheet.

（**5**）　ペアワーク　役割を交代し，S2 が1分間スピーチを行い，S1 が S2 の発語数を数える．

指導上のポイント

（**1**）　最後にだれが一番多く話せたか（発語数が多かったか）を挙手にて確認すると活気が出る．

（**2**）　また，1分間スピーチ記録用紙に，トピックと発語数に加え，何ら

かのコメントを書かせるようにしたい．言いたいのに英語が出てこなかったときの感覚や，話したいことがうまく表現できたときの嬉しさ，あるいは学習法に対する感想などを記すよう勧める．自らの学習過程をモニタリングするこうした補助的活動は，学習者としての自律性を高めることにつながる．

（3）　指名してクラスの前で発表させてもよいが，発表となると正確さを気にしすぎる恐れがあり，ペアで楽しく英語で話ができているようであればそれで十分とする．正確さが気になる場合は，紙を配り，話した内容を書かせて生徒同士で添削する活動を加えるとよい．

〈マッピング〉
与えられたトピックから連想する語や語句を，マッピング用スペースに書き出させる．英語の語句を原則とするが，生徒の実態に応じて日本語も認め，あとで調べさせればよい．

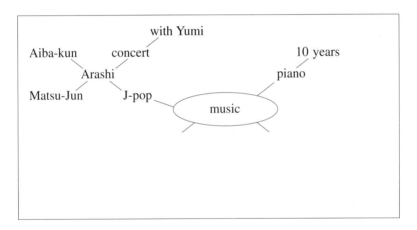

〈ワードカウンターの使い方〉
生徒同士での活動の前に，教師が即興スピーチを行い，ワードカウンター用紙を使って語数を数える練習をするとよい．その際，以下のルールを伝える．

　ルール１：　言いよどんで，同じ語を繰り返しても，言いかえても，英語はすべて数える．

ルール2： "Ah" "Umm" "Well" "You know" などのつなぎ言葉もすべて数える．したがって，"I … I go to … Umm … went to the concert … last year." なら11語になる．

解答例（スピーチ例）

I like J-pop very much. I am a fan of *Arashi*. I like *Matsu-Jun* the best. I went to their concert last year, and it was exciting. I'm not good at singing, but I sometimes go to karaoke with my friends. I always sing *Arashi*'s songs. These days I mostly buy songs online. I listen to music while I'm cooking and cleaning my room.

教材の応用例

（1） ペアワーク ペアをかえて再度スピーチを行い，多く話せた方の数字を記録させる．

（2） ペアワーク 元のパートナーともう一度ペアになって3回目のスピーチをやってみる．お互いに1回目よりだいぶ上手に話せるようになっていることに気づき合えてよい．

（3）やや難しめのトピックを与え，自分の考えを表現させる．

〈トピック例〉
・E-mail made our lives worse.
・Reading books is more enjoyable than watching movies.

（4） 教師がトピックを提示するのではなく，生徒が各自で全く自由にトピックを決めて行わせてもよい．話したいことを話すという自然でリアルな言語活動となる．

参考文献

西 巖弘『即興で話す英語力を鍛える！ ワードカウンターを活用した驚異のスピーキング活動22（目指せ！ 英語授業の達人）』明治図書，2010.

（永倉由里・寺田義弘）

10 即興スピーチに挑戦！(2)——ワードカウンターを使って1分間スピーチ 53

Word Counter 用紙

1	2	3	4	5	6	7	8	9	10
20	19	18	17	16	15	14	13	12	11
21	22	23	24	25	26	27	28	29	30
40	39	38	37	36	35	34	33	32	31
41	42	43	44	45	46	47	48	49	50
60	59	58	57	56	55	54	53	52	51
61	62	63	64	65	66	67	68	69	70
80	79	78	77	76	75	74	73	72	71
81	82	83	84	85	86	87	88	89	90
100	99	98	97	96	95	94	93	92	91

1分間スピーチ 記録用紙

回	月日	トピック	語数	コメント
1	／		語	
2	／		語	
3	／		語	
4	／		語	
5	／		語	
6	／		語	
7	／		語	
8	／		語	
9	／		語	
10	／		語	

第2章

文法力
をつける活動

1 冠詞もぐらたたき

―楽しみながら冠詞を学ぶ 〈中学生向け〉

課題の概要と狙い

　冠詞は学習が難しいものの 1 つである．まずは，不定冠詞 a と an の違い
を理解させること，そして学年が上がっていくと，可算名詞と不可算名詞の
違いを理解させていくことが必要である．

　本活動は，学習の初期段階の活動の中で，不定冠詞 a と an，可算名詞と
不可算名詞の違いを意識させ，楽しみながら知識として定着させることを狙
いとする．毎回 10 〜 15 個の英単語を教師が口頭で伝え，生徒は「その単
語に不定冠詞がつくのかつかないのか」，「つくとすれば a か an か」を即座
に判断し，シート上の該当するイラストを指でたたく．教師は生徒がたたい
た（選択した）ことを確認してから黒板に描いた（または貼り付けた）もぐ
らのイラストをハンマーでたたいて正答を示す．ここでピコピコハンマー
（次頁参照）を用い，「もぐらたたき」をしているように振舞うと生徒の集中
度が増す．

　また，正答を示すごとに生徒には正解数がわかるようにポイント欄に数を
数える印をつけさせていくが，その際，日本語の「正」ではなく，英語圏で
数を数えるときの印（tally marks）（p. 60 参照）を使わせたい．

教材・用具等

・可算名詞で冠詞 a がつく単語，可算名詞で冠詞 an がつく単語，不可算
　名詞で冠詞がつかない単語を，各 12 個程度（計 36 個程度）用意してお

き，毎回その中から 10 〜 15 個程度出題する．

〈単語例〉

可算名詞		不可算名詞
a の例	an の例	無冠詞の例
box	apple	juice
car	egg	milk
dog	eraser	water
girl	elephant	money
house	orange	love
jacket	octopus	basketball（競技名）
knife	umbrella	air
lemon	accident	tennis
monkey	idea	Japan
notebook	island	coffee
pen	office	sugar
table	ear	tea

・ワークシート「冠詞もぐらたたき」(p. 62 参照)
・ピコピコハンマー（音の出る玩具のハンマー）

手　順
<u>Activity 1</u>　可算名詞で不定冠詞の練習

（**1**）　ワークシートを配付し，冠詞当てクイズを行う説明をする．教師の読み上げる単語につく冠詞（a または an）の正しいほうのもぐらをたたくことを理解させる．教師が実践しながら示すとよい．

〈指示例〉

T: Let's play "whack-a-mole" activity. Do you have this sheet? Now I'll give you some words. For example, I say, "pen." Then, hit this mole with "a." "A pen" is right, but "an pen" is not right. OK? Then, I say, "apple." Then, hit that mole with "an." "An apple" is right, but "a apple" is not right …

（2） 教師はいくつかの単語（可算名詞）を挙げていく.

（3） 生徒は挙げられた名詞につく冠詞の正しいものを，ワークシートのイラストから該当するもぐらを選択して指でたたく．その際にその名詞を不定冠詞 a または an をつけて発音しながら答えさせるとよい.

（4） 教師は生徒がたたいた（選択した）ことを確認してから正解を黒板に描いた（または貼り付けた）もぐらのイラストをハンマーでたたいて正答を示す.

〈指示例〉

T: Are you ready? … "Apple."

S: （正しい冠詞のついたもぐらをたたいて）An apple.

T: （黒板に貼ったシートの正しいもぐらをハンマーでたたいて）
The answer is "an" apple. Repeat, please. "An apple."

S: An apple.

T: Then next. "House" …

Activity 2　不可算名詞を加えての練習

（1） ある程度生徒が不定冠詞を理解した時点で，不可算名詞を加える.

（2） 教師は 10 〜 15 個の単語（可算名詞と不可算名詞）を挙げていく.

（3） 生徒は挙げられた名詞が可算名詞であれば，Activity 1 と同様，それにつく冠詞の正しいものを，教材シートの a または an のついているもぐらから選択して指でたたく．挙げられた名詞が不可算名詞であれば，無印のもぐらを選択してたたく.

（4） 教師は生徒がたたいた（選択した）ことを確認してから正解を黒板

に描いた（または貼り付けた）もぐらのイラストをピコピコハンマーでたたいて正答を示す.

（**5**）　正解する度に，教材シートのイラスト下にある記録欄に棒線の印をつけて正解数を記入させていく．日本の「正」の字スタイルでなく，英語圏で使われる tally marks でつけさせるよう指導する.

〈指示例〉
　T:　Are you ready? … "Water."
　S:　（無印のもぐらをたたいて）Water.
　T:　（黒板に貼ったシートの正しいもぐらをハンマーでたたいて）
　　　The answer is "water." Check your answer. If your answer is right, draw a line like this.
　T:　Then next. "Umbrella" …

（**6**）　帯活動として，次回以降の授業でも続け，12 回（約 3 週間）行う．前回の単語の 3 分の 1 程度を入れかえ，同じ単語を何回か繰り返すと定着が早い.

指導上のポイント

（**1**）　本活動の導入時は Activity 1 と Activity 2 を行い，2 回目以降は Activity 2 から帯活動として行う.

（**2**）　帯活動として，繰り返し同じ単語を練習していくことで，定着を図っていく．クイズに用いる単語は毎回新しい単語だけで構成するよりも 3 分の 2 程度は前回の単語を復習する形で行いたい.

（**3**）　テンポよく行うことが大切である．聞いて瞬時に判断させることで，ゲーム性が高まり，集中力もアップする.

（**4**）　学習が後半になったとき，生徒の 1 人にピコピコハンマーをもたせ，教師が単語カードを用いて援助しながら，生徒に教師役をさせてもよい.

（**5**）　応用例として定冠詞 the を加えた活動も考えられるが，生徒が混乱する恐れもあり，この活動には向かないと考える.

（**6**）　英語圏で使われる tally marks を教えておくと，他の英語の活動に

も活用できる．

〈tally marks のつけ方〉

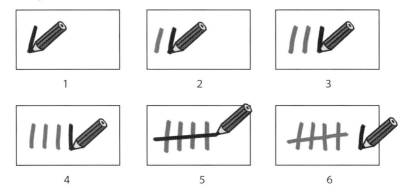

1つ目から4つ目までは，縦に1本ずつ線を引く．
5つ目は，4本の線を横切るように線を引く．
6つ目は再び縦に1本線を引く．

	1回目	2回目	3回目	4回目	...
日付	6/7	6/8	6/10		
正解数記録欄	卌 卌	卌 卌 l	lll		

教材の応用例

（**1**）　疑問詞の導入にも以下のようなシートを用いて，同様の活動をすることができる．

1 冠詞もぐらたたき――楽しみながら冠詞を学ぶ　　61

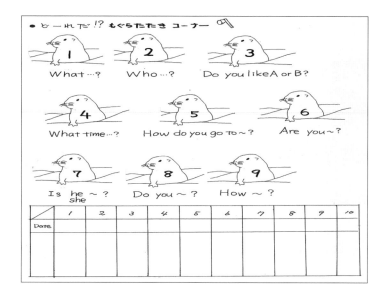

T: You want to know your friend's favorite subject. What do you use?
Ss: （1のもぐらをたたく）
T: What is its number?
S1: Number 1!
T: Right. Can you make the sentence?
S2: What subject do you like?
T: ほかには？
S3: What is your favorite subject?

（2）グループ　グループでこれまで習ったaとanのつくそれぞれの単語を相談して表作りさせると主体的な活動になる．できた表を使い，5人グループでリーダーが単語を読み上げ，同様の活動を行う．

参考文献
松香洋子『英語 文法あそび1』松香フォニックス研究所，1987．

（安部肇子・小田寛人）

冠詞もぐらたたき
Let's Play Whack-A-Mole

Class ( )　No. ( )　Name (　　　　　　)

1. Listen to a word and hit.
2. Check your answer and mark in the chart.

	1回目	2回目	3回目	4回目	5回目	6回目
日付						
正解数記録欄						

	7回目	8回目	9回目	10回目	11回目	12回目
日付						
正解数記録欄						

2 部屋の紹介

──Is there …? / Are there …? の導入 〈中学生向け〉

課題の概要と狙い

存在を示す There is / There are 構文は，中学英語で学ぶ重要な構文であるが，副詞の there と混同し，「そこに〜がある」という意味に誤解したりする生徒を見かけることがある．意味をもたない there が文頭にくることに戸惑いを感じる生徒もいる．何か特定されないものの「存在」を述べるときは，There is / There are ではじめること，その疑問文は Is there …? / Are there …? の形になることを，理屈でなくパターン・プラクティスを通して定着させたい．

本課題は，There is / There are 構文を一通り学習したあとで，復習として行う活動であり，「何が」「どこに」「いくつ」あるかを表現させる．ここでは家具や机などが描かれた部屋のイラストを用い，There is / There are 構文を使ってその部屋について説明する練習を行う．また，そのイラストに基づき，Is there …? / Are there …? を使って，ペアでコミュニケーション活動も行う．さらに，そのイラストにいくつかの事物を生徒に追加させて，それを説明させる活動を行ってスピーキングの練習も行う．

基本的な構文なので，身の周りのものを説明する練習を繰り返し行い，この構文を体得させることが狙いである．

63

教材・用具等

- イラスト 1
 「Yumi's Room（正解用）」：
 子ども部屋のようなイラストを用意する．

- イラスト 2
 「Yumi's Room（問題用）」：
 イラスト 1 から，箱，ボール，猫，かばん 2 つ，CD 2 枚，カップなどの物を抜いたイラストを用意する．

- ワークシート "My Room"（p. 69 参照）
- 構文カード：以下のような対話のパターンをカードにしておく．クラスの習熟度に応じて，お助けカードとして使用する．配付するワークシートに入れておく，または板書する，という方法でもよい．

A:	Is there ＿＿＿＿＿ (on / under / by) ＿＿＿＿＿ ?
	Are there ＿＿＿＿＿ (on / under / by) ＿＿＿＿＿ ?
B:	Yes, there is. / No, there isn't.
	Yes, there are. / No, there aren't.

2 部屋の紹介——Is there …?/Are there …? の導入　　65

手　順

Activity 1　絵を示して部屋を説明する

（**1**）　教師がイラスト1の部屋の絵を生徒に見せ，There is … の文を使いながら部屋の様子を説明する．There is/There are の違いがわかるようにする．

〈例〉　T:　Look at the picture.　This is Yumi's room.

There is a bed in the room.

There is a ball by the bed.

There are two bags on the bed.

There is a box under the bed.

There are two CDs in the box.

There is a desk in the room.

There are three books on the desk.

There is a cup by the three books.

There is a chair in the room.

There is a cat under the chair.

There is a clock on the wall.

（**2**）　数名の生徒に Is there …?／Are there …? と質問し，疑問文の復習を行う．

（**3**）　ペアワーク　ペアを組ませ，教師のイラストを見ながらペアの1人が Is there …?／Are there …? を使って質問し，もう1人が答える．その際に，クラスの習熟度に応じて，構文カードのような例文を示すとよい．

〈対話例〉

S1:　Is there a bed in the room?

S2:　Yes, there is.

S1:　Is there a ball on the bed?

S2:　No, there isn't.　There are two bags on the bed.

Activity 2 英文を聞いて絵を完成させる

（1） 生徒にはイラスト 2 をプリントにして配付する．

（2） 教師はイラスト 1 の情報を生徒に伝える．生徒は，その情報からイラスト 2 に，ball, bag, cup, cat, CD などが部屋のどこにいくつあるかを描いていく．必要に応じて教師が繰り返し読み上げれば，生徒が十分にイラストを描くことができる．

〈例〉　T: There is a cup on the desk.　OK?　There is a cup on the desk.

There is a box under the bed.　OK?　And there are two CDs in the box.

There are two bags on the bed.　Two bags on the bed.　OK?

There is a cat under the chair.　A cat under the chair.　OK?

There is a ball by the bed.

（3） 教師は正解であるイラスト 1 を示し，正しく情報が伝わったかを確認させる．ある程度，正しく伝わっていればよしとする．

Activity 3　相手の情報を聞き出す

（1） 生徒にワークシートを配付する．生徒はワークシート内のイラストに 5 つの物（a cat, a computer, two bags, a ball, three pens）の絵を自由に描く．

（2）　ペアワーク　ペアを組ませ，じゃんけんをする．負けた生徒（S1）は Is there …? / Are there …? を使って，勝った生徒（S2）がどこに何を描いたかを当てる．1 つの物に質問は 2 度までとする．

〈対話例〉

S1:　Is there a ball on the bed?

S2:　No, there isn't.

S1:　Is there a ball under the bed?

S2:　No, there isn't.　There is a ball by the bed.

2 部屋の紹介——Is there …?/Are there …? の導入　　67

S1: Are there two bags on the desk?

S2: No, there aren't.

S1: Are there two bags on the bed?

S2: Yes, there are.　There are two bags on the bed.

S1: Is there a cat under the chair?

S2: Yes, there is.　There is a cat under the chair.

（**3**）　ペアワーク　ペアで役割を交代して行う.

Activity 4　情報をもとに表を完成する

　Activity 3 で行った活動をさらに広げ, クラスの 4 名に質問し, ワークシートの表を埋める.

　（**1**）　ペアワーク　生徒を立たせ, 全員が自由にペアの相手を見つけ質問し合う.

　（**2**）　表に相手の名前を書き, 5 つの物がどこにあるのか, 対話の中で得られた情報を書き込む. 3 回聞いて, その場所を当てられなかった物には×を記入する.

　（**3**）　ペアワーク　お互いに表が埋まったら, 新たなペアを見つけ, 繰り返し行っていく. 4 人の情報で表が埋まるよう続けていくが, 時間は 8 分程度で終了とする.

指導上のポイント

　（**1**）　There is … / There are … の構文は,「…」に入る名詞が単数か複数かで be 動詞が変わること, 単数のときには冠詞の a / an に留意することなど, 既習事項を再度確認し, 指導するようにしたい. is, are は既習事項であり, 生徒が間違えている場合には解説するのではなく, 例文を示し生徒の気づきを促す. 疑問文においても, 単数と複数の違いに生徒が気づくように配慮する.

　（**2**）　Activity 4 での活動時間を 5 分程度に短くし, 制限時間内に何人のいくつの物を当てることが出来るかを競わせるとより活発な活動となる.

教材の応用例

（**1**）　Activity 3，Activity 4 で用いた絵と情報を利用し，ライティング活動につなげる．自分の部屋と質問をしたクラスメート1人の部屋の様子を説明する英文をそれぞれ3つ書く．ノートに書かせてもよいし，以下のような用紙を配付して行うのもよい．

There is（are）...

[In my room]

1)　...

2)　...

3)　...

[In _____'s room]

1)　...

2)　...

3)　...

（**2**）　生徒に自分自身の部屋や理想の部屋を描かせ，それらを英語で説明させる．こうすることによって英語の学習が，自分自身の生活と結びつくことになり，学習意欲も高まることが期待される．

（**3**）　この活動では，部屋に限らず，他の場面，場所を設定し活動できる．例えば，町や学校の紹介などにすれば，前置詞は next to, near, in front of など，より多くの前置詞を用いることになるし，紹介する語も station, library, supermarket など，語彙の幅も広がる．

（**4**）　プレゼン　高校では，絵を見せながら英語によるプレゼンテーション活動としても応用できる．

（白羽麻衣子・小田寛人）

My Room

1. Activity 3

次の物を隣の絵に描きましょう.
(1) a cat
(2) a computer
(3) two bags
(4) a ball
(5) three pens

2. Activity 4

	(例) Yumi				
a cat	under the chair				
a computer	×				
two bags	on the bed				
a ball	by the bed				
three pens	×				

3 イメージ化して捉える前置詞

——There is 構文と前置詞

〈高校生向け〉

課題の概要と狙い

　位置を表す「前置詞」というものは日本語にはない．もちろん日本語の助詞に似ているといえないこともないが，明らかに異なる概念をもち，例えば「on = 上に」式では捉え切れないものであり，むしろ「on = 接触」を基本概念として発展させていくほうがそのイメージを捉えやすくなる．

　イメージの活用にはイラストが最適である．ここでは与えられたイラストを見て，それを前置詞を含む簡単な英語で説明したり，説明を聞いて該当するイラストを選んだり，自分でイラストを描いたりする活動を行う．このようにして，前置詞の基本ともいえる位置関係を，言葉や理屈によってではなく，イメージ化して捉えられるようにする．またそれに付随して "There is / are ..." の形式を含む Q&A を利用した活動を行い，さらにコミュニケーションを図ろうとする姿勢も養うことにつなげたい．

教材・用具等

・プリント "Pictures with Differences" (p. 74 参照．イラストは *Grammar Practice Activities*, Cambridge University Press を参考に作成)：イラスト入りの各カードは切り離しても使える．8 つの各イラストには，テーブルと木が描かれ，さらに次のもののうちいくつかが含まれている．

　　an egg / an apple / a black bird / a white bird / a black cat / a white cat / a black dog / a white dog

3　イメージ化して捉える前置詞——There is 構文と前置詞　　71

・絵カード：上記プリントの各イラストを切り離したもの

手　順

Activity 1　英語を聞いて絵を選ぶ

（**1**）　生徒にプリントを配付する．教師はそのプリントの中から1つのイラストを選び，説明の英文を読み上げる．例として②のイラストを利用する．

〈例〉　T:　Let's choose a picture.　There is a table in the center of the picture.

There is a tree on the right side of the picture.

There is a black bird on the tree.

There is an apple on the table.

There is an egg under the table.

There is a white cat at the lower left of the table.

There is a white dog at the lower right of the table.

（**2**）　生徒は（1）の説明を聞いて，どのイラストについて述べられているかを考えて，該当するイラストを選ぶ．

（**3**）　正解を伝える．

〈例〉　T:　The answer is No. 2.

（**4**）　ペアワーク　生徒同士のペアワークとして行う．1人の生徒がプリントの中から好きなイラストを1つ選んで説明し，もう1人の生徒が解答する．この活動はスピーキングとリスニングの練習を兼ねることになる．

Activity 2　英語を聞いて絵で表す

（**1**）　生徒に用紙を配る．用紙は白紙でもよいが，取り組みやすくするにはイラストのうちテーブルと木だけは描いておくとよい．

（**2**）　教師はプリントの中から1つ選び，説明の英文を読み上げる．（Activity 1 の（1）参照）

（**3**）　生徒は（2）の説明を聞いて，その聞いた内容を絵にして用紙に描き

入れる．

（**4**）　正解を伝える．教師は，正解のイラスト（拡大コピーしたものがあればよい）を生徒に見せる，または，もう一度英文を読み上げながら正解の絵を板書する．

（**5**）　ペアワーク　Activity 1（4）と同じように生徒同士のペアワークとして行う．

Activity 3　コミュニケーション活動

（**1**）　生徒にカードを1枚ずつ配付する．（生徒によってもっているカードが異なることになる．）

（**2**）　ペアワーク　生徒を立たせて，ペアを作り，一方が英語で質問をし，もう一方は答え，その答えから同じカードをもっている生徒を探す．

（**3**）　ペアワーク　相手が同じカードでないことが判明したら，移動して別の相手を探し，同じ質問を繰り返す．同じカードの生徒が見つかるまで続ける．

〈例〉　S1:　（プリント①のカードをもっている）Excuse me, is there a black bird on the table?

S2:　（プリント③のカードをもっている）Yes, there is.

S1:　Is there an egg on the table?

S2:　Yes, there is.

S1:　Is there a dog under the table?

S2:　No. A dog is near the table, not under the table.

S1:　Oh, our cards are different.

S2:　I'm sorry.

S1:　Anyway, thanks.

指導上のポイント

（**1**）　Activity 1 の（4），Activity 2 の（5）は，生徒同士で行うペアワークであり，生徒の習熟度に応じて，事前に説明文を書かせる時間をとってもよい．

（**2**）　口頭練習だけでは正確さに不安がある場合は，英文を書かせて回収する指導も考えられる．ただし，今回は前置詞の使い方に主眼を置き，その他の間違いについては教師が訂正するのではなく，間違った箇所に印をつけるなどして生徒自身に訂正させたい．

教材の応用例

（**1**）　やや複雑なイラストや絵画を使って，"There is / are ..." を用いてできるだけ多くの文を作らせる．

〈複雑なイラスト例〉

〈英文例〉

・There is a man on the bench.

・There are two birds under the tree.

（**2**）　また，聞き取った説明文をもとにイラストを再構成するなどの活動をすることもできる．なお，聞き取った英文をもとに絵を描かせる活動をする場合，絵の上手下手を競うことにならないように配慮が必要である．

参考文献

Penny Ur, *Grammar Practice Activities,* Cambridge University Press, 2009.

（溝下　肇）

4 犯人を捜せ！

──人称の使い分けに慣れる 〈高校生向け〉

課題の概要と狙い

　一人称・二人称・三人称を理屈では理解できても，英語に慣れていない生徒の中には人称を瞬時に使い分けるのが難しいと感じる生徒がいる．ここでは，インフォメーション・ギャップを利用し，グループでの会話を通して人称の使い方に慣れさせる活動を行う．

　本活動は，4人一組のグループで行う．グループの1人が探偵役となり，他のメンバーに第三者のことについて質問を繰り返しながら，その中にいる犯人を捜す．ここでは，母親と3人の子供という役割を設定し，母親（探偵）が，子供たちの中から，食べ物を盗み食いした子供（犯人）を見つける．

　情報収集の会話を通して，短時間で主語としての人称 you / he / she の使い分け，およびそれぞれの主語による疑問文・肯定文・否定文の作成に慣れさせることを狙いとする．

　犯人捜しというゲーム性を高めることによって，会話練習をある程度飽きることなく活動させることができる．

教材・用具等

　・以下の4種類のカード： カード①には犯人の特徴，カード②・③・④には，犯人候補それぞれの情報が1つずつ書いてある．（ここでは3つの食べ物の好き嫌いについての情報）

カード①：生徒 A（探偵役）に配付

> The girl or boy likes apples and bananas, but doesn't like chocolate.

カード②：生徒 B に配付

> B likes chocolate.
> C doesn't like apples.
> D likes apples.

カード③：生徒 C に配付

> B doesn't like bananas.
> C doesn't like chocolate.
> D doesn't like chocolate.

カード④：生徒 D に配付

> B doesn't like apples.
> C likes bananas.
> D likes bananas.

手　順

Activity　質疑応答をしながら犯人を捜し出す

（**1**）　生徒に 4 人のグループ（メンバーを A・B・C・D とする）を作らせ，以下の役割を決めさせる.

A:　母親（Ms. A）

B:　子供 B（子供の性別は，実際の生徒 B の性別とする）

C:　子供 C（子供の性別は，実際の生徒 C の性別とする）

D:　子供 D（子供の性別は，実際の生徒 D の性別とする）

4　犯人を捜せ！──人称の使い分けに慣れる　　　77

（**2**）　カード①を生徒 A に，カード②を生徒 B に，カード③を生徒 C に，カード④を生徒 D に渡し，自分のカードだけを見るように指示する．

（**3**）　教師が，テーブルに置いてあった 3 つの食べ物の内，バナナとリンゴが消え，チョコレートケーキが残っているという状況を説明し，A に，B・C・D の中から，その好物を食べてしまった犯人を見つけるよう指示する．以下は英文による指示の例である．

〈指示例〉

T:　Last night, Ms. A put an apple, a banana and a chocolate cake on the table. This morning the apple and the banana were not there. One of three children in the family ate them. Ms. A, please ask the children and find out who ate them.

（**4**）　[グループ]　A は，カード①にある情報（The girl or boy likes apples and bananas, but doesn't like chocolate.）から，まず "Does B / C / D like …?" を用いて第三者について尋ねていく．B はカード②を，C はカード③を，D はカード④の情報に基づいて A の質問に "Yes, she / he does." または "No, she / he doesn't." の表現を用いて答える．知らない場合は "I don't know." で答える．A は，会話から得られた情報をメモしておく．

（**5**）　[グループ]　A は，（3）で情報が得られなかった場合，直接本人に尋ね，情報を集めていく．

〈会話の例：B と C が男の子，D が女の子の場合〉

A:　C, does B like apples?

C:　I don't know.

A:　D, does B like apples?

D:　No, he doesn't.

A:　B, does D like bananas?

C:　I don't know.

A:　D, do you like bananas?

D:　Yes, I do.

A: C, does D like chocolate?
C: No, she doesn't.
A: B, does D like apples?
B: Yes, she does.

（**6**）そして A は食べ物を盗み食いした子供を当てる．

〈例〉 A: D, you ate the apple and the banana, didn't you? Because you like them.

指導上のポイント

（**1**） 質問する相手にいきなり本人の情報を聞くのではなく，第三者についての情報を求めることによって情報を集めていくように指導する．

（**2**） 付加疑問文が既習であれば，犯人を当てる際に，手順（6）の例のように付加疑問文を使って表現させるとよい．

（**3**） 数回の授業の最初（または最後）に組み込むことによって，全員に探偵役を体験させるとよい．

教材の応用例

情報を与えるのではなく，実際の生徒の名前，生徒個人の実際の情報（好きな食べ物，嫌いな食べ物など）で自由会話練習を行う．4人のグループ活動で4人は下の図のように輪になって座る．（実際の生徒の名前で行うが，説明の便宜上ここではメンバーを A・B・C・D とする）

手　順：

Activity　情報を入手し，第三者に伝える

（**1**）　教師はテーマを決め，以下の手順を説明する．

〈テーマ例〉

・好きなスポーツ

〈手順〉

・質問者 A は，D についての情報を C と D から得て，得られた情報を B に伝える．

① A asks C about D.

② A asks D about D.

③ A tells B about D.

（**2**）　グループ　質問者 A を決め，A は左にいる D の情報を，正面にいる人 C に聞く．C は以下の会話例にあるように，Yes / No を用いて答える．知らない場合は "I don't know." で答える．

〈会話の例：D が男性の場合〉

（A asks C.）

A:　Does D play tennis?

C:　Yes. He likes tennis.

A:　Does D play soccer?

C:　Sorry, I don't know.

（**3**）　グループ　C への質問で D についての情報を得られなかった場合，A は直接 D 本人に尋ねる．上の問答で Yes の場合は手順（4）へ進む．

〈会話の例〉

（A asks D.）

A:　Do you play soccer?

D:　No, I don't.

(4) ペアワーク A は D について得られた情報をまとめ，右隣にいる B に伝える．

〈会話の例〉

(A tells B.)

A: D plays tennis, but he doesn't like soccer.

B: I see. Thanks.

(5) ペアワーク B はその情報を書きとめ，D に渡す．（情報が正しく伝わったか確認）

本活動は，A の役割を他の生徒にも交代で演じさせることによって，全員が人称に慣れることになる．年度当初に組み込み，自己紹介・他己紹介を兼ねて行うこともできる．

（溝下　肇・小田寛人）

5 となりの朝ごはん
——会話を通して過去形の復習

〈中学2年生〉

課題の概要と狙い

　朝ごはんを話題にし，過去形（特に疑問文・否定文・平叙文への転換）の運用力を養う活動である．朝ごはんを話題にすることは，①朝の忙しさゆえ，意外な組み合わせも多く話が盛りあがりやすいこと，②朝ごはんには家庭の経済状況が反映しにくいこと，③朝ごはんを食べないなどの生徒理解の一助となること，などの利点がある．

　まず，飲食に関する動詞の過去形（ことに不規則動詞）を教科書巻末などにある不規則動詞表の過去形をクイズ形式で確認する．クイズでは，ピンポンブザー（p. 82 参照）などを用いると盛り上がり，時間を節約できるほか，不正解の生徒の救いとなることが多い．

　次に，ペアでお互いの朝食についておよそ1分間の情報交換を行い，ワークシートに記入させる．その際に，"Did you have / make / cook / drink / bake …?" "I had / made / cooked / drank / baked ..." または "I didn't have / make / cook / drink / bake ..." "Was it good / awful?" "It was ..." などの会話を通して，疑問文，平叙文，否定文の練習を行う．

　本活動は帯活動として，毎時間，授業のはじめに8〜10回連続して行い，動詞の過去形とその疑問文の復習と定着を図ることを狙いとする．

教材・用具等

　・動詞の過去形リスト

81

82　　　　　　　　　第2章　文法力をつける活動

〈例〉　have < had,　do < did,　am / is < was,　are < were,　eat < ate,
　　　　drink < drank,　make < made,　boil < boiled,　bake < baked,
　　　　make tea < made tea,　cook < cooked,　pour < poured

・ワークシート「となりの朝ごはん」（p. 87 参照）
・ピンポンブザー（正解でピンポーン，不正解でブーと音の出る玩具．
　「○×ピンポンブー」（ジグ）という商品がある．）などの小道具

手　順

Activity 1　不規則動詞の過去形を確認する

（1）　教師が動詞の現在形を言い，生徒にその過去形を答えさせる．ここ
では食事がテーマなので，次の動詞の過去形を加えながら，教科書巻末の不
規則動詞の過去形を指導する．

　食事に用いる動詞：　eat, drink, boil, bake, cook, pour, cut, have,
　make など．
　〈指示文の例〉　What's the past tense of …?　How about …?

など，質問，答えを繰り返して定着を図る．

（2）　教師は生徒の答えを聞き，ピンポンブザーを用いて，正解にはピン
ポーン，不正解にはブーの音を鳴らし，なるべくリズミカルに行う．

（3）　ある程度慣れたところで，生徒にピンポンブザーを渡し，教師役と
してもよい．その折に教師はほかの効果音の出る玩具を用い，生徒の出来を
ジャッジする方式にすると楽しく活動できる．

Activity 2　朝ごはんについての情報を交換する

（1）　ペアワーク　ある程度生徒が過去形を覚えた時点でワークシートを
配付する．指定されているペアと会話を行って，食事に関する情報交換を
し，ワークシートにメモする．その際，なるべく多くの情報を入手するとよ
いことを伝える．帯活動なので2～3分程度とする．

5　となりの朝ごはん──会話を通して過去形の復習　　83

〈会話の例〉

S1:　Good morning, Miki-chan.　How are you?

S2:　Good morning, Taro-kun.　I'm well, thank you.　Did you have breakfast?

S1:　Yes, I did.　I had bread this morning.　Did you have breakfast?

S2:　Yes, I did.　I had *miso* soup.　I drank a cup of tea.

あらかじめ以下のような空欄を作った文を板書または配付して，対話練習をさせてもよい.

A:　Good morning, (　　　　　).　How are you?

B:　Good morning, (　　　　　).　I'm well, thank you.　Did you
　　(　　　) breakfast?

A:　Yes, I did.　I (　　　) this morning. / No, I (　　　　) have
　　breakfast.

Yes の場合：What did you have? / Was it good? / Did you make it?

No の場合：Why didn't you have breakfast?

相手に尋ね返す Did you (　　　　)?

B:　Yes, I did.　I (　　　　) *miso* soup.　I (　　　　) a cup of tea.

（2）　帯活動で8〜10回行い，毎回メモをし，そのメモに従って，最後にその中から1人を選んで作文にし，ワークシートの下の欄に書き入れる.

解答例

#	Date	with Who?	breakfast	+ alfa
1	4/17	Suzuno	*natto, miso* soup	so so, green tea
2	4/19	Soe	pizza, egg, ham	good, tea with milk
3	4/23	Rai	bread, yogurt	so so, a piece of bread
4	4/30	Asuka	rice, *oden*, yogurt	salty
5	5/22	Aya	nothing	nothing
6	5/22	Keiko	*tamagokakegohan*	good, green tea
7	5/24	Kazuya	potato salad, banana	no time, awful

84 　　　　　　　第 2 章　文法力をつける活動

・She had two bread rolls, *oden* and blueberry yogurt this morning. She had *oden* yesterday, too.　She hated the *oden* because it was too salty.

・He had *natto* with ham, potato salad and a banana, because he didn't have enough time this morning.　The taste was awful.

指導上のポイント

（1）　日常活動としての "How are you?" を尋ねたあとに "Did you have breakfast?" "What did you have?" "Was it good?" などの会話を行い，had, ate, didn't have などの過去形の確認と同時に，"It was good / awful." "I cooked it." "My mother bought it." "We had it yesterday, too." などの表現を導入しておく．

（2）　朝食は意外な取り合わせが出てくるので，おもしろい情報をたくさん出せるように促す．意外な解答が出たときに "Did you cook it?" "How was that?" など日常の挨拶の際に会話を深めるモデルを示すとプラスワンの発言がしやすくなる．

（3）　単語だけで会話をしているペアには文を作るように注意する．

（4）　対象が中学校 2 年生と人間関係に配慮を要する発達段階であること，さまざまな生徒同士で会話をしてほしいため，以下のようにペアの組み方（フォーメーション）を 1 〜 8 まで定め，ペアを探す時間を節約する．

〈ペアワーク・フォーメーション〉

クラスでペアワークをする場合，いつも同じ生徒とのペアにならないよう，以下のような 8 パターンの組み方を適宜指示する．これらすべて違う相手とペアを作ることができる．

1.　窓から奇数列の人は右隣の人と
2.　窓から奇数列の人は左隣の人と
3.　前から奇数列の人は後ろの人と
4.　前から奇数列の人は前の人と
5.　窓から偶数列の人は 1 人おいた右隣の人と

6. 窓から偶数列の人は1人おいた左隣の人と
7. 前から偶数席の人は1人おいた後ろの人と
8. 前から偶数席の人は1人おいた前の人と

教材の応用例

（**1**）　プレゼン　ペアワーク終了時に，聞いた朝食の情報を用いて，相手の朝食について報告させる．教師はそれを受けて，クラス全体に質問したり，さらに深い情報を得る質問をするなどして，より多くの生徒を参加させる．

〈会話例〉

T:　Who can report about your partner's breakfast?　Do you have any surprising / wonderful / exciting information about breakfast?

S1:　Aya-san had rice with Tabasco this morning.

T:　Aya-san, did you pour Tabasco on your rice?　How was the taste?

S2:　I had Tabasco, an egg, and rice this morning.

T:　Was the egg boiled, baked, or …?

S2:　Raw, like *tamagokakegohan*.

T:　How many of you tried *tamagokakegohan* with Tabasco?

（**2**）　上記（1）の活動のまとめとして，「書く」活動を宿題にする．3文以上で書かせる．

〈例〉　Aya-san had rice with Tabasco this morning.　It was a wonderful breakfast for her.　But I don't want to eat it, because it is awful.

（**3**）　プレゼン　家庭科と連携して，朝ごはんの写真データをもらい，パワーポイントでテレビに映し出すことができると，朝ごはんのプレゼンテーションを行うことができる．同様にcookpadなどの料理レシピサイトを用いて，「食べてみたい朝ごはん—I want to 不定詞」の活動を加えることもできる．

〈例：納豆ピザトーストの写真を見せて〉

I had rice with *natto* this morning.　I always have *natto-gohan* every morning, but I want to try *natto* pizza toast.　I found it on the Internet.

（安部肇子）

となりの朝ごはん

向こう三軒両隣の人の朝ごはんは何だったかな？

☆**キーワード**

Did you have breakfast this morning?

　Yes, I did. / No, I didn't.

What did you have?

　I had ＿＿＿＿. / I had nothing.

ぷらすアルファー

Was it good?

It was（good / so so / awful）.

a piece of bread / two pieces
of bread

Any beverage / drink?

#	Date	with Who?	breakfast	+ alfa
1				
2				
3				
4				
5				
6				
7				
8				
9				
10				

☆**となりの朝ごはんで「わお！」コーナー：**

_____

_____

_____

_____

Class（　　） No.（　　） Name（　　　　　　）

6 暗唱カードゲーム

——動詞の活用（原形，過去形，過去分詞形） 〈高校1年生〉

課題の概要と狙い

　不規則動詞は日常的に使用頻度の高い平易な動詞が多いにもかかわらず，*comed*, *maked*, *goed* といった間違いもよく見られる．本活動は，こうした間違いを防ぎ，正しい活用を早いうちに覚えさせるためのものである．したがって，生徒の実態にもよるが高校入学後の早い段階，または高校レベルの英文に慣れてきた夏休み明け頃の利用がよいと思われる．主に中学校の復習としての利用を想定しているが，高校での新出の不規則動詞をターゲットとするならば1年生の後半以降でもよいであろう．

　本活動では，自分たちでカードを作り，そのカードでゲーム（神経衰弱）を行い，動詞の原形と過去形または過去分詞形の正しい組み合わせを作っていく．単純な活動なので長時間は飽きやすく，繰り返すことによって効果はより高まるので，授業開始時に10分程度のウォーミング・アップとして行うことを奨励する．

教材・用具等

・神経衰弱ゲーム用の白紙のカード（紙を適当なサイズに切ったもの）を
　　各グループに30枚程度

手　順

Activity 1　自分たちでカード作り

（1）　グループ（またはペア）を組ませる．

（2）　白紙の神経衰弱ゲーム用のカードをグループ（またはペア）に約30枚ずつ配る．

（3）　各グループ（またはペア）内で不規則動詞の活用の中で覚えにくいものを6つ程度選び，その原形と過去形を書く．

〈カード例①：不規則動詞の原形と過去形〉

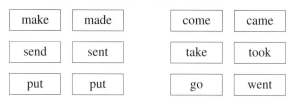

（4）　同様に，規則動詞から4つ程度選び，その原形と過去形を書いたカードを作成する．

〈カード例②：規則動詞の原形と過去形〉

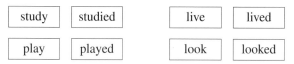

（5）　次に，スペリングや活用の間違ったものを考えさせ，ダミーカードとして数枚作成する．

〈カード例③：間違いを含むダミーカード〉

Activity 2　原形と過去形の神経衰弱ゲーム

（1）　グループ　作成したカードの内，まずは不規則動詞の原形と過去形のカードを使ってグループ（またはペア）で神経衰弱ゲームを行う．

(2) グループ (1)で用いたカードに，規則動詞のカードとダミーカードを加え，グループ（またはペア）で神経衰弱ゲームを行う．

Activity 3　過去分詞形に発展

(1) Activity 1と同様に，不規則動詞の活用の中で過去分詞形の覚えにくいものを6つ程度選び，その原形と過去分詞形を書いたカードを作成する．Activity 1で作成したもので過去形と過去分詞形が同じものは，そのまま過去分詞形カードとして使えばよい．

〈カード例④：原形と過去分詞形〉

(2) Activity 1と同様に，過去分詞形の間違ったダミーカードを数枚作成する．

(3) グループ (1), (2)で作成したカードを使って，グループ（またはペア）で神経衰弱ゲームを行う．

指導上のポイント

(1) 原形と過去形のカードを基本とし，「特定の動詞の活用が覚えられない」「不規則動詞と規則動詞の区別ができない」「スペリングの間違いが多い」「過去形は覚えているが過去分詞をよく間違える」など，生徒の実態に応じて使うカードを変えるとよい．

(2) カードの枚数は，時間と人数によって工夫するとよいが，ダミーカードを含めて20～30枚程度で1セットとするのが適当と思われる．

(3) 神経衰弱ゲームは，1つのセットで数回行い，その後次のセットを作成して進めてもよいし，他のグループのカードと交換して行ってもよい．

教材の応用例

（**1**）　今回は神経衰弱というゲーム形式を紹介したが，カルタ取りの形式にすることも可能である．その場合は，例えば原形を読み札，過去形を取り札として行うとよい．そして，スペリングミスを含むカードも入れておくと，お手付きがあってゲームが単調にならず，正確なつづりの記憶にもつながるので一石二鳥となるであろう．

（**2**）　生徒の習熟度に応じて，教材のレベルを上げることも可能である．動詞の活用だけでなく，動詞の同意語という組み合わせカードを作って，群動詞の導入に使用してもよい．

〈例〉

respect	look up to
despise	look down on
explain	account for
start	set off
resemble	take after

（溝下　肇）

7 優れもの『それ』とは訳さない it

──形式主語の it に慣れる 〈中学 2 年生以上〉

課題の概要と狙い

中学校 1 年生で学習する代名詞 it は「それ」という意味の指示代名詞として定着していると思われるが，2 年生では形式主語の it を学ぶことになる．この it は「それ」と訳すことなく，以下に出てくる to 不定詞の形式的な主語の働きをする．本活動では「It is 形容詞＋to 不定詞」の表現に慣れさせることを第一の目的とする．

まず，形容詞を手掛かりに形式主語 it を用いて，「It is 形容詞＋to 不定詞」の英文を作る活動を行い，応用として，it を「それ」と日本語に訳さない天候を表す it の練習を取り上げる．

本活動では，いかに早く英文を作れるかが大切であり，それを受けて「相づち」を打つことで単なる文法練習に終わらないようにする．単に生徒 1 人の活動ではなく，ペアやグループでの活動を行う．自己表現し，コミュニケーションを図る両面の楽しさを味わう．

教材・用具等

・カード A（p. 97 参照）：「It is 形容詞＋to 不定詞」でよく使う形容詞（interesting, difficult など）を書いたカード 12 枚

・カード B（p. 97 参照）：to 不定詞の英語例（to play sports, to speak English など）を書いたカード 12 枚

・カード C（p. 97 参照）：英語での反応（Oh, really? I see. など）を書

7 優れもの「それ」とは訳さない it——形式主語の it に慣れる　　93

いたカード9枚

・カード D（p. 97 参照）：カード A の各形容詞の下に空欄部をつけたもの

手　順

Activity 1　「It is 形容詞（for 人）＋to 不定詞」の文を作る

（**1**）　カード A, B をコピーし，それぞれを切り離しておく．

（**2**）　ペアワーク　カードを取りながら，2 人で交互に形式主語の it を使った文を作る．ここでは，不定詞の意味上の主語（for 人）を用いた例文をあげたが，未習の場合はなくてもよい．

〈例〉　It's exciting for me to ride a roller coaster .

これだけでは簡単な場合には，1 文を添えるように指示をする．

〈例〉　It's exciting for me to ride a roller coaster so I go to Tokyo
　　　Disneyland every summer.

（**3**）　ペアワーク　聞く相手は，カード C を利用して，必ず「相づち」を打つようにする．

〈例〉　S1:　It's exciting for me to ride a roller coaster so I go to
　　　　　　Tokyo Disneyland every summer.
　　　S2:　Oh, really?

Activity 2　動詞を補って会話をする

（**1**）　カード D を各自に渡し，空欄にそれぞれが思う動作を不定詞を使って書かせる．

（**2**）　ペアワーク　カード D を切り離し，Activity 1 で行ったように，2 人で交互に形式主語の it を使った文を紹介し，相づちを打つ．さらに，1 文の質問を加えるように指示し，できるだけ会話のキャッチボールが続くようにする．

〈例〉 S1: It's interesting for me to visit foreign countries.
S2: Me, too. What country did you visit?
S1: I visited Australia last year.
S2: I see.

Activity 3 形式主語の it を使った英文を作りながら Tic-tac-toe を行う

（1）3 人組を作り，2 人が Tic-tac-toe（○×三目並べ）で勝敗を競い，残り 1 人がジャッジする．

（2）切り離したカード A を裏返しにして，対戦する 2 人の間に広げておく．（封筒に入れてもよい）

（3）ペアワーク じゃんけんし，勝った方からカード A の 1 枚を表にし，出た形容詞と形式主語の it を使った英文を披露する．ジャッジがそばにいて，時間内（10 秒）に英文が完成できたら，Tic-tac-toe のマスに自分のマークを書き込む権限を得る．一度使ったカード A は使えない．相手が英文を言ったら周りの生徒は必ず相づちを打つようにする．Tic-tac-toe の勝敗がつく，あるいは引き分けがはっきりするまで続ける．

Tic-tac-toe の遊び方

「井」の文字に似た直線の格子図形を描き，どちらかが「○」でどちらかが「×」となり，先攻後攻と交互に井の字の空いたマスに書き込んでいく．そして最終的にビンゴのように，縦・横・斜めのいずれか 1 列に 3 個自分のマークを並べると勝ちとなる．

指導上のポイント

（**1**）　形式主語のポイントを押さえておく.

---
① it を「それ」とは訳さない.
② 意味上の主語は for 〜 で表す.
③ It is 〜 for A to 不定詞「A が...するのは〜だ」と訳す.

（**2**）　カード A の形容詞は, 必ず意味を確認し音読しておく.

（**3**）　Activity 1, 2, 3 と活動レベルをだんだん上げていく. 3 段階のレベルを踏むことで, 形式主語が確実に自分のものになっていく. 最初はどのレベルの生徒でも安心して英文を作ることができる易しいレベルから始めるとよい.

（**4**）　Activity 2 で, 自分自身の意見を考え書かせることが大切である. カード D は, 最初は見ながら読んでもよいとする.

（**5**）　Activity 3 は, いかに早く英文を作れるかが大切であり, ゲーム的要素も取り入れて行うので, 生徒たちは楽しんで活動する.

（**6**）　形式主語 it の練習であるが, 自分の意見を言って相手が相づちを打つことで, 単なる文法練習がコミュニケーションを行う活動に変化していく. 普段の何気ないペア活動においても, コミュニケーションを図る態度や姿勢まで指導したい.

教材の応用例

グループ　天候を表す it と形式主語の it を合わせて学ぶ活動を行う. カード E とカード F (p. 98 参照. 使用するカードは *Games for Grammar Practice*, Cambridge University Press を参考に作成) を使う. ゲームの要素も取り入れ, チームで競う. 2 人ずつのチームになり, 1 人のジャッジが時間を計る. 次のような手順で行う.

1. 対戦チームの間にカード E を置いておく. これが Tic-tac-toe のマスになっている.

2. カードＦを切り離し，封筒に入れて見えないようにしておく．

3. じゃんけんし勝ったチームは，封筒からカードＦの1枚を引き，その形容詞とカードＥの天気を融合させて英文を作る．ジャッジは，30秒以内に英文を作るように指示をする．天候を表す it と形式主語 it の2つの it が使われていることを確認する．

〈例：下線は封筒から引いたカードＦの形容詞〉

・When it's foggy, it's <u>dangerous</u> to drive on the motorway.

・It's <u>silly</u> to spend the day indoors when it is sunny outside.

4. 使った形容詞をカードＥ上の使った天気の場所に置く．

5. Activity 3 で行ったように，Tic-tac-toe のゲーム（○×三目並べ）をやって勝敗を競う．

6. 時間内に英文ができなければ，相手チームに権限が移る．

7. 何度かゲームをやることで，it の使い方を学ぶことができる．

参考文献

Maria Lucia Zaorob and Elizabeth Chin, *Games for Grammar Practice,* Cambridge University Press, 2001.

（木宮暁子）

7 優れもの「それ」とは訳さない it──形式主語の it に慣れる   97

カード A

interesting	difficult	exciting	safe
dangerous	easy	fun	hard
important	good	boring	bad

カード B

to play sports	to speak English	to play games
to sing a song	to ride a roller coaster	to cook
to get up early	to go shopping	to study math
to watch movies	to smoke	to eat vegetables

カード C

Oh, really?	I see.	That's true.
Wow!	Right.	I think so, too.
Exactly.	Me, too.	Is that so?

カード D

interesting	difficult	exciting	safe
dangerous	easy	fun	hard
important	good	boring	bad

カード E

windy	raining	hot
sunny	snowing	foggy
humid	cold	cloudy

カード F

easy	hard	difficult	impossible
cheap	expensive	safe	dangerous
interesting	exciting	sensible	silly
nice	important	stupid	crazy

8 英文カルタで文のつなぎ方に慣れよう

——複文，副詞節，接続詞の理解   〈高校生向け〉

課題の概要と狙い

　本活動では，文のつながりを学ばせるために，副詞節を含む複文のうち，片方の節をカルタの上の句，もう片方を下の句に見立てて，上の句と下の句の合うものを探させるという，従属接続詞の使い方を踏まえた英文の接続に慣れさせる活動である．カルタ取りの活動にすることで，ゲーム性も高まり，聞く力もつけられる．上の句を生徒に読ませれば音読の練習にもなる．

　まず，主節と副詞節（従属節）を切り離したカルタカードを用意し，グループでそれを組み合わせて英文を完成させる．次に，切り離したカードのうち，副詞節のカードを読み札にし，主節のカードを取り札にしたカルタ取りゲームを行う．

　上の句を聞いて即座に文のつながりを判断し，接続詞の用法を学びながら，リスニング力も養うことを狙いとする．

教材・用具等

・英文カルタカード（p. 103 参照）：副詞節を含む英文を複数用意して紙に書き，主節と副詞節（従属節）に切り離しておく．以下に例を示す．

99

100　　　　　　　　第2章　文法力をつける活動

〈例〉　上の句（副詞節）　　　　　　　下の句（主節）

| If it rains tomorrow, | I will stay home and read some books all day. |

| While I was taking a shower, | the telephone rang. |

| When I arrived at the station, | the train had already left. |

| Though it was very cold, | a lot of children were playing on the ground. |

| Until he told me that, | we didn't know the truth. |

| After he finished his homework, | he went out for a walk with his dog. |

| Before she ate her lunch, | she had a lot of things to do. |

・ワークシート（p. 103 参照）

手　順

<u>Activity 1</u>　カルタカードを組み合わせて英文を作る

（1）　4人（または5人）のグループで活動を行う．グループの数だけ教材（英文カルタカード）のセットをコピーしておく．

（2）　グループ　切り離した紙をグループ全員に1枚ずつ（あるいは複数枚）配り，組み合わせを考えさせ，意味の成りたつ英文を作らせる．

（3）　出来た組み合わせをワークシートにまとめさせる．（ノートに書かせるよりも，ワークシートを集めて確認するほうが評価するのに容易になる．）

<u>Activity 2</u>　カルタ取りを行う

（1）　もとの英文の数に応じてグループの人数を調整する．（英文の数が多いほどグループの人数を増やす．）グループの数だけ教材（英文カルタカード）のセットをコピーしておく．

（2）　グループ　切り離した紙のうち副詞節のカードをカルタの読み札に，主節のカードを取り札にしてカルタ取りを行う．教師または生徒の代表

が読み手となって，従属節を読み上げる.

指導上のポイント

（**1**）　Activity 1 ではすべてのパーツが視覚的に捉えられるために比較的容易である. ペアで行う場合は 14 枚程度の枚数でよいが，4〜5 人のグループで行う場合はさらに枚数を増やす必要がある. 事前に，例えば「副詞節を含む複文を 10〜15 語程度の単語を使って自由に作りなさい」といった指示を出して英文を作らせ，それを利用したカードを作るのもよい.

（**2**）　Activity 2 では副詞節を音声のみで聞き取らなければならないため難易度は増すが，ゲーム性も大きくなるため，活動が活性化する. なお，場合によっては組み合わせが複数存在し，こちらの想定していたものとは違う英文ができることもありうる. その場合はできるだけ寛容に受け止め，解答が複数あることを前提にカルタ取りを行う.

教材の応用例

（**1**）　もとの英文を生徒に作らせる. 生徒の英文構成力向上にもつながる上，秀逸な英文がさらに多く集まることになり，カルタ取りが一層楽しいものになろう. さらにその中から秀逸なものをストックしていけば，その学校独自のユニークな英文カルタができていくはずである.

（**2**）　ある特定の文法事項を学ばせる活動として行う. 教材例のようにさまざまな従属接続詞が混ざった英文で行うのではなく，例えば仮定法過去の英文ばかりを集めたものにしたり，従属節でなく分詞構文を含むものばかりにしたり，to 不定詞の慣用表現（to be frank with you, to tell the truth など）を含むものばかりにして行う.

（**3**）　ペアワーク 英文カルタカードを使い，神経衰弱ゲームを行う. 用意したすべてのカードの英文を一度音読させた上で，ペア（またはグループ）を作り，カードを裏返して神経衰弱を行う. 通常の神経衰弱とは以下の点で異なる.

・めくった 2 枚が，2 枚とも主節または 2 枚とも従属節の場合は順番が次

に移る.

・めくった2枚が主節と従属節の組み合わせだった場合,正しく英文を
音読して日本語訳も述べ,他の人がその可否を判定する.可であればポ
イントを得て継続,不可であれば順番が次に移る.誤った作例に対して
はその理由をペア(またはグループ)で確認し共有する.一通り済んだ
ら正しい英文をワークシートに記入させる.

(**4**) ペアワーク 英文カルタカードを使い,ババ抜きゲームを行う.用
意したすべてのカードの英文を1度音読させた上で,ペア(またはグルー
プ)を作り,カードを配ってババ抜きを行う.通常のババ抜きとは以下の点
で異なる.

・手持ちのカードのうち組み合わせて正しい英文になる2枚を出すこと
ができる.
・カードを2枚出すときは,正しく英文を音読して日本語訳も述べ,他
の人がその可否を判定する.不可の場合,その2枚は自分の手の中に
戻さなければならない.誤った作例に対してはその理由をペア(または
グループ)で確認,共有する.一通り済んだら正しい英文をワークシー
トに記入させる.

(溝下　肇)

8 英文カルタで文のつなぎ方に慣れよう──複文，副詞節，接続詞の理解　103

〈カルタカード例〉

　　　上の句（副詞節）：読み札　　　　　　　下の句（主節）：取り札

| If it rains tomorrow, | I will stay home and read some books all day. |

| While I was taking a shower, | the telephone rang. |

| When I arrived at the station, | the train had already left. |

ワークシート

Let's Try!

*Write your sentences.

① English : ＿＿＿＿＿＿＿＿＿＿＿＿＿＿＿＿＿＿＿＿＿＿＿＿＿ .

　　Japanese : ＿＿＿＿＿＿＿＿＿＿＿＿＿＿＿＿＿＿＿＿＿＿＿ .

② English : ＿＿＿＿＿＿＿＿＿＿＿＿＿＿＿＿＿＿＿＿＿＿＿＿＿ .

　　Japanese : ＿＿＿＿＿＿＿＿＿＿＿＿＿＿＿＿＿＿＿＿＿＿＿ .

③ English : ＿＿＿＿＿＿＿＿＿＿＿＿＿＿＿＿＿＿＿＿＿＿＿＿＿ .

　　Japanese : ＿＿＿＿＿＿＿＿＿＿＿＿＿＿＿＿＿＿＿＿＿＿＿ .

　　　　　　Grade＿＿　Class＿＿　No.＿＿　Name＿＿＿＿＿＿＿

9 文をつなぐ関係代名詞

——which, who, that を定着させる 〈高校 1 年生〉

課題の概要と狙い

　本活動は，関係代名詞を用いて 2 つの文をつなぐ作業を通じて，関係代名詞の種類とそれを用いた基本的な英文に慣れることを狙いとする．また，関係代名詞を扱うには，文の成り立ちに対する正確な理解が必要であることを認識させる．文法といえばとかく典型的な穴埋め問題を数多く練習することが多いように思われるが，理解があやふやなまま上級生になってしまうことのないよう，扱う英文が中学英語程度の平易なうちに，正確な理解をさせたい．

　本活動では，関係代名詞の種類や基本的な例文に慣れた上で，2 つの文を関係代名詞を使ってつなげたり，単語の定義文を関係代名詞を使って作らせたりする．関係代名詞を使い，自由に新たな英文を作りだす力を養いたい．また，ペアの相手に関係代名詞を用いて表された英文で質問をするなど，ペアでの会話を通して関係代名詞を学ばせたい．

教材・用具等

・ワークシート 1 （p. 109 参照）：関係代名詞 which, who, that を使った英文を 6 つ程度作り，その文を主節と関係代名詞節とに分けて記載したもの．

・ワークシート 2 （p. 110 参照）：ある物や職業などの定義を関係代名詞 which, who, that を使って表した英文を 8 つ程度作り，Sheet A （左

104

9　文をつなぐ関係代名詞——which, who, that を定着させる　　105

側）用と Sheet B（右側）用に分けて記載したもの.

・英英辞典

手　順

Activity 1　関係代名詞を用いて文をつなぐ

（1）　ワークシート 1 を配り，Activity 1 の英文を 1 度音読する．順序は
1. → 2. → 3. … → 6. → a. → b. → c. … f. と進める.

〈例〉　1.　I'm going to give you a present…　　a.　which can help everybody.

2.　I'd like to find a friend…　　b.　which I enjoyed very much.

3.　Ms. Smith is a lady…　　c.　who(m) everybody likes.

4.　My friend had an idea…　　d.　who lives near here.

5.　That was an experience…　　e.　which may save the earth.

6.　We have a good teacher…　　f.　that will surprise you.

（2）　左右を結び付けさせる．（目安：3 分）

（3）　ペアワーク　ペアを作り，それぞれ出来上がった英文を読み上げて
確認する.

（4）　プレゼン　左側の 1., 2. … ごとに出来上がった英文を発表させる.
複数の文例が作成可能であることを確認する.

（5）　誤った作例に対しては，関係代名詞の用法に注意して確認させる.

Activity 2　関係代名詞を使った英文を作る

（1）　Activity 1 で作成した英文と類似する英文をさらにいくつか示す.
あるいは，話題（食べ物，衣類，スポーツ，教科など身近なもの）を決めて
いくつか文例を示してもよい.

〈例〉　We have a good shop.　It sells delicious ice cream.

→ We have a good shop which sells delicious ice cream.

（2）　例にのっとり，英文をできるだけ多く作らせる．（5 分）

（3）　プレゼン　出来た英文を発表させる.

106 第2章 文法力をつける活動

Activity 3　定義を作る

（**1**）　ワークシート 2 を生徒に配る.

（**2**）　ペアを作らせ, A か B の役割を決めさせる.

（**3**）　ワークシートを縦に半分に折り, A は左半分を, B は右半分を見るようにする.

（**4**）　ペアワーク　奇数番号の説明文を A が読み上げ, B がその説明にあたる単語を答える.

（**5**）　ペアワーク　続けて B は （ ） 内にその答えの単語を入れ, 関係代名詞以降を自分で考え, 定義文を再現する. A が言ったとおりでなくてもよく, 自由に考えればよい.

（**6**）　ペアワーク　同様に, 偶数番号の説明文を B が読み上げ, A がその説明にあたる単語を答え, 続けて A は （ ） 内にその答えの単語を入れ, 関係代名詞以降を自分で考え, 定義文を再現する.

指導上のポイント

（**1**）　Activity 1 では「どの関係代名詞を使い, どこをつなぐのか」を練習する. なお, 関係代名詞がもとの代名詞を含むため, 関係代名詞以降に先行詞を補うと完結文ができあがることを苦手な生徒には意識させてよい. なお, 関係代名詞の意味・用法に慣れさせるために, 解答は一対一の文ではなく, 複数の文ができるようにしてある. 文の作例が広がっていくことで Activity 2 や 3 が活発になるよう促したい.

（**2**）　Activity 2 では, 2つの文を自力でつなぎ合わせる. 平易な文が無理なく発信できるようになることが大切であるから, 思考の妨げにならないよう, 文例が思いつきやすい身近な話題を提示する. 関係代名詞を決める要素, ①先行詞が人か人以外か, ②先行詞と同じ語（句）が関係代名詞節中でどんな役割（格）を担っているかを, 苦手な生徒のためにここで今一度確認してもよい.

（**3**）　Activity 3 では, 相手の情報を聞き取ることで, 耳に入るままで関係代名詞を含む文を理解する力が望まれる. 関係代名詞節は名詞に対する後置修飾の機能が基本であり, 原則として後ろから振り返らずに理解するもの

9　文をつなぐ関係代名詞——which, who, that を定着させる　　107

であることになじませたい. 定義文を作らせる際に, 参考のために英英辞典
を活用させるとよい.

解答例
Activity 1
　1.－f　　2.－a c d　　3.－a c d　　4.－e f　　5.－b f　　6.－a c d
Activity 2
　省略
Activity 3
　Sheet B　1. *Ochazuke*　　3. Bicycle　　5. Physics　　7. Nurse
　Sheet A　2. Hamburger　　4. *Yukata*　　6. History　　8. Diplomat

教材の応用例
（1）　ペアワーク　Activity 3 の説明文の関係代名詞節以降（枠内で下線
部の英語）を空けておき, 発問者に考えさせる. 解答が別のものになっても
構わない. 自由な発想で各ペアで個性ある定義文を会話の中で作らせてい
く.

（2）　グループ　前項 8 (p. 99 参照) の活動のようにカルタカードにして,
解答が複数あることを前提にカルタ取り（ゲーム）を行う. 以下のような
カードを準備する.

I'm going to give you a present	which can help everybody.
I'd like to find a friend	which I enjoyed very much.
Ms. Smith is a lady	who(m) everybody likes.
My friend had an idea	who lives near here.
That was an experience	which may save the earth.
We have a good teacher	that will surprise you.

（**3**）　カードをさらに細かくして，トランプの7並べ形式（関係代名詞を真ん中に置き，前後につないでいく）など，いろいろなゲームが考えられる.

参考文献

Vision Quest English Expression I – standard，啓林館.

The Longman Dictionary of Contemporary English, Longman.

Oxford Advanced Learner's Dictionary, Oxford University Press.

（稲垣浩二・小田寛人）

9 文をつなぐ関係代名詞——which, who, that を定着させる 109

ワークシート**1**

Activity 1

Match these parts of sentences. How many sentences can you
make? Compare with your friend.

1. I'm going to give you a present…   a. which can help everybody.
2. I'd like to find a friend…   b. which I enjoyed very much.
3. Ms. Smith is a lady…   c. who(m) everybody likes.
4. My friend had an idea…   d. who lives near here.
5. That was an experience…   e. which may save the earth.
6. We have a good teacher…   f. that will surprise you.

Activity 2

Make more sentences, like the example.

e.g. We have a good shop. It sells delicious ice cream.

→ We have a good shop which sells delicious ice
cream.

ワークシート **2**

Activity 3

Make pairs and become A and B. A looks at the left sheet and B looks at the right.

A reads the odd numbers to B. B listens to A and names what A describes.

Then, take turns. B reads the even numbers to A. A listens and names what B describes.

Sheet A

1. a Japanese dish which is made by pouring green tea or hot water over cooked rice

2. (　　　) is a flat, round piece of cut beef which …

3. a vehicle with two wheels that you ride by pushing its pedals with your feet

4. (　　　) is after-bath wear which …

5. the science of matter and energy which includes the study of forces, heat, light, sound, electricity and atoms

6. (　　　) is the study of events that …

7. someone who looks after people who are ill or injured, usually in a hospital

8. (　　　) is a person who …

Sheet B

1. (　　　) is a Japanese dish which …

2. a flat, round piece of cut beef which is cooked and eaten in a bread bun

3. (　　　) is a vehicle with two wheels that …

4. after-bath wear which is now worn as evening clothes, especially at summer events

5. (　　　) is the science of matter and energy which …

6. the study of events that happened in the past, especially the political, social, or economic development of a nation

7. (　　　) is a person who …

8. someone who officially represents their government in a foreign country

10 私の手の内わかるかな？

——ゲームで関係代名詞 what を学ぶ 〈中学３年生以上〉

課題の概要と狙い

　関係代名詞の what をゲーム形式で学ばせる活動である．

　関係代名詞の what と疑問詞の what の区別は文脈によることが多くて曖昧であるが，ここでは，日本語で「～のこと」「～のもの」と言いたいときに使う表現として学ばせる．可能な限り，区別できるような場面設定を行いたい．

　本活動では，動物，食べ物，乗り物などのイラストを用いて，クラス全体あるいは生徒同士のペア活動で，手にもっているものや心に思い描いているものを当てさせる．その過程で関係代名詞の what を使わせることになる．途中，疑問詞の what も用いることになり，両者の意味・用法の違いにも気づかせたい．

　また英英辞典のように，ものを英語で表現する練習を通して，英語で伝えることの面白さを味わい，コミュニケーションを図る楽しさを味わうことも狙いとしている．

教材・用具等

- ・カード A（p. 116 参照）：動物，食べ物，乗り物など身近なもののイラスト（16 個程度）の入ったカード（空欄も 4 個程度残しておく）
- ・カード B（p. 116 参照）：Good job! That's wrong. などの正解，不正解の反応を示したカード（6 枚程度）

111

手　順

<u>Activity 1</u>　手にもっているものを伝えたり答えたりする

クラス全体で行う活動である.

（**1**）　カード A を切り離して封筒の中に入れ，教師はその中から 1 枚の
カードを引き，生徒に見えないように手の中にしまっておく. その後，次の
ように述べる.

〈例〉　T:　What I have is a picture.　There is a fruit in the picture.

（**2**）　教師はその絵を見せて，次のように言う.

〈例〉　T:　What I have is an apple.　Please repeat after me.
　　　　　　What you have is an apple.　Right.　What I have is an apple.
　　　　　　OK.　I have another picture.　What I have is an animal.
　　　　　　What I have is a cat.
　　　　　　All right?　Please repeat after me.　"What you have in your
　　　　　　hand is a cat."

（**3**）　教師は 3 枚目の絵を手にして，次のように言う.

〈例〉　T:　What do I have?　Guess what it is.　It is a fruit.　It's yellow.
　　　　　　It's sweet.　It's loved by monkeys.

（**4**）　わかった生徒は，1 枚目 2 枚目の絵でリピートした（what を用いた）
答え方で，次のように解答していく.

〈例〉　S:　I'll tell you <u>what</u> you have in your hand.　It's a banana.
　　　　　　<u>What</u> you have is a banana.

（**5**）　教師は次のように言う. この際に，教師はカード B を利用して，正
解か不正解かを言う.

〈例〉　T:　Correct!　What I have in my hand is a banana.　Please repeat
　　　　　　after me.　"What you have in your hand is a banana."

10 私の手の内わかるかな？──ゲームで関係代名詞 what を学ぶ　　113

<u>Activity 2</u>　心に思い描いているものを伝えたり答えたりする

生徒同士がペアで行う活動である．

（**1**）　ペアを組ませ，ペアごとにカード A を切り離さない状態で配布する．

（**2**）　カード A の空欄にさらに適当なイラストや文字を加えさせる．ペアで自由に描かせればよい．

（**3**）　ペアの 1 人（S1）が，カードの中から 1 枚の絵を選び，それを心の中で思い描く．

（**4**）　ペアワーク　ペアの相手（S2）は，"What do you have in your mind?" と聞く．聞かれた相手は，Activity 1 で学んだ関係代名詞を使い，以下のようにヒントを少しずつ出していく．

〈例〉　S1:　<u>What</u> I have in my mind is an animal.　It's black and white. It lives in China.

（**5**）　ペアワーク　ペアの相手（S2）はわかったら，"Is this <u>what</u> you have in your mind?" と言いながら，絵を指さす．相手方はカード B を利用して，正解か不正解かを英語で応じる．

〈例〉　S1:　Yes, you're right.

指導上のポイント

（**1**）　関係代名詞 what のポイントを押さえておく．

---

① 先行詞がない．

② それ自体が名詞の働きをする．

③ 日本語で「〜なこと」「〜なもの」と言いたいときに用いる．

（**2**）　Activity 1 のところで，疑問詞の what と関係代名詞の what との違いについて，日本語で簡単に説明しておくとよい．その後の活動では，「何？」と質問する場面と「〜のこと（もの）」と言いたいときの場面とを意識させるようにするといい．

114　　　　　　　第 2 章　文法力をつける活動

（3）　イラストではなく，手に入るような実物のもの（消しゴム，コインなど）を使ってもよい．

（4）　関係代名詞 what を意識して会話の中で使うことで，疑問詞 what と違うことを理解していく．

（5）　ペア活動には，コミュニケーションを図る態度や姿勢まで指導したい．

教材の応用例

（1）　ペアワーク　magical quiz といって，イラストなどの準備の不要な活動がある．教師が黒板に，2 つくらい単語を書く．

〈例〉　panda, tomato

ペアでじゃんけんをし，勝った方が黒板を見て，負けた方が黒板を見ないように向かい合い，制限時間内にできるだけヒントを出して，相手に答えてもらうという活動である．

こういったウォーミング・アップを日頃からやっておくと，ヒントを出す練習になる．ヒントは, animal, black, white といった単語レベルから，"It's an animal. It's black and white." といった文レベルや "It's a large black and white bear that lives in China." など複文レベルにも発展していくので，総合的な学習にもつながっていく．

（2）　グループ　what S says を用いた関係代名詞 what の定着を目指す練習を行う．

　　1.　4 名が前に出て，1 文ずつなるべく自分に関する英文を言う．事前に 1 名の文は本当のことではない内容にするように調整する．

　　　　〈例：ここでは B が本当のことではないことを述べているものとする〉

　　　　　A:　I can play the guitar very well.

　　　　　B:　My father used to be a professional tennis player.

　　　　　C:　I saw my classroom teacher at a game center last Sunday.

10 私の手の内わかるかな？——ゲームで関係代名詞 what を学ぶ　　115

  D: I cooked dinner last night.

2. それぞれの英文を聞いて，本当のことではない英文を言った生徒
  の名前を，関係代名詞 what を使って言う．答えるのは，全員で
  もよいが，時間の関係上代表者だけでもよい．

  〈例〉 What B said is a lie.
     I think what C said is wrong.

3. A から D の 4 名それぞれが，自分の言ったことが本当のことか，
  あるいは本当のことではないかを述べる．

  〈例〉 What I said is wrong.
     What I said is true.
     What I said is a lie. など

  グループ対抗戦にすればさらに盛り上がる活動である．

                 （木宮暁子）

116　第2章　文法力をつける活動

第3章

語彙力
をつける活動

1 なんでもアルファベット

——アルファベット絵カードで語彙指導 〈中学 1 年生〉

課題の概要と狙い

　中学 1 年次の最初の時期に行う文字指導の一例である．A から Z の文字
とその文字で始まる物が描かれた大文字・小文字のそれぞれ全 26 枚の絵
カードを用い，英語の文字（大文字・小文字）を習得させながら，単語は文
字の組み合わせからできていることに気づかせ，語彙を導入する．

　組み合わせてできた単語の中の一文字が変わると意味が変わること，また
同じ文字でも語によって発音が違うことなど，英語の基本的な特徴を学ばせ
ることを狙いとしている．カードは教具として持参させ，折にふれて使用さ
せたい．

教材・用具等

・アルファベット絵カード（p. 124 参照）：A 〜 Z，a 〜 z で始まる単語
　のイラストとそのアルファベットのついたカード（大文字セット 26 枚，
　小文字セット 26 枚）［※ x のようにそのアルファベットで始まる身近な単語
　が見つけにくい場合は，fox のようにそのアルファベットで終わる語で代用する
　など工夫する．］

　〈例〉　大文字セット：Apple, Box, Cat, Dog, Egg, Flower, Guitar,
　　　　　　　　　　　　 Hotdog, Idea, Jet, Kid, Lemon, Monster,
　　　　　　　　　　　　 Notebook, Orange, Pen, Queen, Racket,

　　　　　　　Strawberry, Tree, Umbrella, Violin, Watch,
　　　　　　　X-ray, Yacht, Zoo

　　小文字セット： ant, bread, chair, duck, elephant, fish, goat,
　　　　　　　hat, ink, juice, king, lion, mouse, nest,
　　　　　　　octopus, pig, quiz, rain, sun, tiger, unicorn,
　　　　　　　volleyball, whale, fox, yard, zebra

・タイマー

手　順

Activity 1　アルファベット順に並べる

（1）　アルファベット絵カードを配付し，実線に沿って切り取り，カード
を作らせる．あとで自分のカードを回収しやすいよう，各カードのどこかに
自分だけがわかるマーク（例えば，各カードの右上に☆彡，左下に♡など）
を書かせておく．

（2）　作ったカードを机上にバラバラに置かせ，合図とともに，できるだ
け速くカード（大文字・小文字それぞれ）をアルファベット順に並べるよう
指示する．

（3）　教師はスタートの合図をし，時間を計る．

（4）　並べ終わった生徒は手を挙げ，教師はそのタイムを生徒に告げる．

（5）　生徒はそのタイムを記録し，隣の生徒と正しい順になっているか確
認する．

Activity 2　アルファベットを聞き分ける

（1）　教師は，Activity 1 でアルファベット順に並べられた大文字のカー
ドはそのままにし，小文字のカードは一度片付けるよう指示する．

（2）　教師がある1つのアルファベットを発音し，生徒は聞き取ったアル
ファベットのカードをすばやく見つけて挙げる．

（3）　教師は5秒程度待って，クラスの3分の2以上のカードが挙がって
いるようなら，次のアルファベットをランダムに選んで発音する．

120　　　　　　　　　第 3 章　語彙力をつける活動

（**4**）　見つけたカードは手元に置くようにし，テンポよく 10 ～ 15 回行っていく．どのくらいすばやく正確に見つけられたか，生徒同士で確認させる．

Activity 3　連続したアルファベットを聞き取る

（**1**）　大文字の絵カードを使い，教師の言うアルファベットのカードを並べるよう指示する．

（**2**）　教師は，2 つまたは 3 つのアルファベットを連続して発音する．入門期でもなじみのある略語になる英語を選ぶとよい．

〈例〉　PTA，JR，USJ，LED，ATM など

（**3**）　生徒は聞き取ったアルファベットのカードを見つけて並べる．

（**4**）　並べてできた語が何を意味しているか，確認する．

Activity 4　アルファベットで単語を作る

（**1**）　小文字の絵カードを使い，Activity 3 と同様に，教師の言うアルファベットのカードを並べさせる．

（**2**）　教師は，3 つ程度のアルファベットを連続して発音し，最後にその文字の組み合わせでできる単語を発音する．生徒は教師の発声をリピートしながら，読まれたアルファベットのカードを見つけて並べる．

〈例〉　T:　d, o, g, … dog.
　　　　S:　d, o, g, … dog.
　　　　T:　c, a, t, … cat.
　　　　S:　c, a, t, … cat.
　　　　T:　p, e, n, … pen.

（**3**）　教師は，大文字の絵カードも含めて，できるだけカードにある絵とリンクさせた語を作らせ，生徒たちに，文字を並べてできた語が絵にある「物」を表していることに気づかせる．3 文字の語を基本とするが，状況に応じて 4 ～ 6 文字の語を含めてもよい．

〈例〉 太字は p. 124 のアルファベット絵カードにあるもの

3 文字			4 文字		5 文字		6 文字
ink	**sun**	**cat**	bear	**nest**	**mouse**	**whale**	mother
cow	**fox**	**jet**	**fish**	**yard**	**tiger**	**lemon**	**racket**
box	bag	**ant**	**goat**	**duck**	**juice**	**watch**	**orange**
hat	**pen**	sky	**king**	**idea**	**zebra**	**bread**	**flower**
pig	**dog**	boy	**lion**	hand	**yacht**	**chair**	**guitar**

指導上のポイント

（1） 入門期は習熟度の差がかなりあるので，文字を確認させながら，単語，音声など，他の要素を入れて，学習の進んだグループの生徒を飽きさせないように実施したい．

（2） 物には名前があり，アルファベットを並べて表せること，文字が 1 つ異なると違う意味の語（big / bag, sun / son, box / fox など）になることも理解させたい．

（3） 例では名詞を扱ったが，形容詞（big, new, hot, cold, cute など）も扱うことができる．

（4） スペリングと発音が一致するわけではないことを押さえたい．生徒の状況を見て混乱しないように，単語を導入する際，ant / ape など a というスペリングでも発音が異なるものがあること，neck / knit の k のように発音するものと発音しないものがあることを伝えておく．

教材の応用例

アルファベット絵カードを使って，以下のような様々な活動を行うことができる．

（1） 「**アルファベット 7 並べ**」： 単にアルファベットを順番に並べるのではなく，一組のカードを 4 人で分けて，トランプの 7 並べの要領でアルファベットを並べる．

アルファベットの「G」（前半 13 文字の真ん中）と「T」（後半 13 文字の

真ん中) を机上に出し，残った24枚を4人に分け，7並べの要領で机上に出ている文字の前後の文字を埋めていく．

A	B	C	D	E	F	**G**	H	I	J	K	L	M
N	O	P	Q	R	S	**T**	U	V	W	X	Y	Z

(2) 「**持ち主を見つけよう！**」：カードに名前ではない自分だけがわかるマークをつけさせておき，同じ絵のカード2枚（例えば，Apple のカードと Dog のカード）を選ばせる．その2枚のカードを生徒たちから集め，シャッフルして生徒たちに2枚ずつ配付する．生徒たちは，お互いに以下のような会話を行い，元の持ち主を見つけてカードを返す．

〈例〉 S1: Is this your Apple?
　　　 S2: Yes, it is. Thank you. Is this your Dog?
　　　 S1: No, it isn't.
　　　 S2: Is this your Dog?
　　　 S3: Yes, it is. Thank you. Is this your Dog? …

元の持ち主に2枚とも返して手持ちのカードがなくなったら，または自分のカードを2枚とも手に入れられたら座席に戻る．早く帰れた人が勝ちという活動をする．

(3) 「**同じ数の仲間を見つけよう！**」：ある絵（例えば，Dog のカード）を指定し，右下にある小さな四角の欄に1から9の数字の1つを書かせる．生徒たちは，お互いに以下のような会話を行い，同じ数を書いた相手を探す．

〈例〉 S1: How many dogs do you have?
　　　 S2: I have seven.
　　　 S1: I have seven, too!
　　　 S2: So we are the same!

早く同じ数の相手を見つけた人が勝ちという活動をする．

（**4**）　「**足して 10 の相手を見つけよう！**」：　ある絵（例えば，Cat のカード）を指定し，右下にある小さな四角の欄に 1 から 9 の数字の 1 つを書かせる．生徒たちは，お互いに以下のような会話を行い，合計 10 になる相手を探す．

〈例〉　S1:　How many cats do you have?

　　　　S2:　I have six.

　　　　S1:　I have four. So the total is 10.　We are partners!

早くパートナーを見つけた人が勝ちという活動をする．

（安部肇子・小田寛人）

第3章 語彙力をつける活動

2 ポイント制ビンゴ

――継続的に行う語彙力確認活動 〈中学生向け〉

課題の概要と狙い

　語彙力を養成する指導は単調になりがちであるが，言語活動を通すと活発化する．その1つの方法として，ビンゴゲームを応用することで，楽しみながら語彙力をつけることができる．特に復習として行うことで，おおよその単語が理解できるようになる．

　本活動は，どのような場面，語彙でも活用できるが，ここでは各レッスン終了時の復習を想定して取り上げる．通常のビンゴゲームと同じ要領で行うが，本活動では最初にビンゴになった生徒に10点，次点の生徒に9点，その次には8点，というようにポイントを与えていく．通常のビンゴゲームでは，1列目がそろってビンゴとなった生徒はそこで終了となるが，ポイント獲得後も継続して行い，2列目がそろえば，再びビンゴとして，その時点でのポイントを獲得できる．よって，最後まで全員が参加することになる．このようにポイント制にすることによって，学期や年間を通して計画的・継続的に行うことが可能であり，終盤のレッスンになるにしたがい活動はさらに盛り上がりを見せる．

　また，本活動では，反応（reaction）を英語で表現させることも目的とする．誰でも簡単にできる相づち表現を紹介し，それを活用させることで，コミュニケーションの素地となる態度を養うことができる．

125

126　　　　　　第 3 章　語彙力をつける活動

教材・用具等

・Word Box：レッスンで学習した単語を 25 〜 30 個選んでおく．ここで
は，*TOTAL ENGLISH*（学校図書）の Lesson 5 "Stevie Wonder" から
の例を挙げた．

〈Word Box の例〉

musician	person	eyesight	radio	rhythm
drum	amaze	turning	release	star
hit	song	touch	accident	difficulty
through	celebrate	equal	right	kill
government	national	demonstration	against	system
advantage	invite	black	color	

・ワークシート "Word Bingo"（p. 130 参照）：ビンゴカード（単語を書
き込めるマスが 25 個ある）と Word Box

手　順

Activity 1　使用する単語と表現の練習

（**1**）　教師はワークシートを配り，Word Box 中の単語の音読練習を 1 度
しておく．

（**2**）　生徒は Word Box 中の単語から 25 個の単語を選び，ビンゴカード
のマスの好きな所に書く．

〈例〉　T:　Choose 25 words from the box below.　And write each word
in the grid in any way you like.　OK?

（**3**）　教師は生徒のビンゴカードのマスが埋まったことを確認し，「あっ
た」，「もう一つ」など，ビンゴゲームの最中に発する反応を英語で表現でき
るように，必要な表現を練習させる．

〈例〉　T: Let's practice some useful expressions.　Repeat after me.

　　　　T: Oh, yeah.

　　　　S: Oh, yeah.

　　　　T: One more.

　　　　S: One more. …

〈リアクション表現の例〉

Oh, yeah. / Great. / Yes. / I got it. (I've got it.) / One more. / Come on. / Oh, no. / Please. など

Activity 2　ビンゴゲームを行う

（**1**）　教師がゲーム開始の合図を言う．

〈例〉　T:　All right.　Now let's begin.

（**2**）　教師は，Word Box 中の単語をアトランダムに読み上げる．単語は2回繰り返す．生徒は，読み上げられた単語が自分のビンゴカードにあれば，その語に○印をつけていく．生徒には，英語で反応させることにする．

〈例〉　T:　Are you ready?　Number 1: musician, musician.

　　　　S:　Oh yeah. / Oh, no.

　　　　T:　Number 2: equal, equal.

　　　　S:　Oh yeah. / Oh, no.

　　　　T:　Number 3: accident, accident ….

（**3**）　縦，横，斜めで1列がそろえばビンゴとなる．ビンゴになった生徒は "Bingo" と大きな声で言い，手を挙げる．最初にビンゴになった生徒は10ポイントを獲得する．

128　　　　　　　　第 3 章　語彙力をつける活動

〈例〉　S:　Oh, no. / One more!

　　　　T:　Number 14: invite, invite.

　　　S1:　Oh, Bingo!

　　　　T:　Good. I'll give you 10 points.

　　　S1:　I got it!

（4）　黒板に 10 から 1 までの数字を書いておき，10 ポイントを獲得した生徒が出たら，10 の数字に斜線を引く．

~~10~~　　9　　8　　7　　6　　5　　4　　3　　2　　1

（5）　次にビンゴになった生徒には 9 ポイントを与える．同時にビンゴになった生徒たちには同じポイントを与える．以下 1 ポイントずつ減らして与え，ポイントを与えるごとに黒版の数字に斜線を引く．

　ポイントを獲得した生徒は継続して行い，2 列目がそろえば，再びビンゴとして，その時点でのポイントを獲得できる．最後まで全員が参加し続けることになり，最後の 1 ポイントの獲得者が出たところでゲームの終了とする．

（6）　今回の獲得ポイントを記録し，場合によっては，年間を通じての累積ポイントを確認する．獲得ポイントが最も多かった生徒にステッカー等を与えるのもよい動機づけになると考えられる．

指導上のポイント

（1）　単元の復習として行えば，どの単語を言っているのかがわからない生徒がいなくなるため効果的である．単元終了ごとに年間を通じて計画的に継続して行うとより効果がある．

（2）　ビンゴカードのマスに単語を書き入れる際，単語を発音しながら書き込むように指導したい．

（3）　一言でもよいので英語での反応（リアクション）をすることによって，どのような場面においてもリアクションを英語で表現しようとする態度を養うことができる．できるだけ毎回違う表現を使うように意識させたい．

大きな声でリアクションできた生徒や，紹介していない表現を使った生徒には，ボーナス点として3点あげるというようにすると，さらに盛り上がっていく．

（**4**）　ビンゴの単語は教師が正しい発音ではっきりと言う．はじめは名詞から伝えていくことで，聞き取りが不得意な生徒でもついていくことが可能になる．教師はいつも明るい雰囲気で授業を展開しようとすることが大切である．

教材の応用例

（**1**）　Word Box の単語を，ワークシートに書いておかず，教師がその場で口頭で読み上げ，生徒はそのすべての単語をディクテーションすることから始めれば，リスニング力養成とスペリングの練習となる．教師は読み上げた単語を板書し，生徒にスペリングを確認させながら進める．

（**2**）　活動に慣れてきたら，教科書の本文から，生徒たちに自由に単語を選んで書かせてもよい．また生徒に教師役をさせ，正しい発音でしっかりと読み上げる練習も可能である．

参考文献

TOTAL ENGLISH NEW EDITION 3，学校図書，Lesson 5 "Stevie Wonder".

（鈴木洋介・小田寛人）

Word Bingo

Class (　　) No. (　　) Name (　　　　　　)

Choose 25 words from the box below. And write your choice of words in the grid.

Word Box

musician	person	eyesight	radio	rhythm
drum	amaze	turning	release	star
hit	song	touch	accident	difficulty
through	celebrate	equal	right	kill
government	national	demonstration	against	system
advantage	invite	black	color	

Today's Point

3 ジェスチャーマラソンゲーム
——ノンバーバル活動による語彙力確認　　〈中学生向け〉

課題の概要と狙い

　英語圏では，身振り手振りを交えてコミュニケーションを取るノンバーバル・コミュニケーションがよく用いられている．本活動では，コミュニケーションの中に，身振り手振りを自然に入れていく練習も兼ねながら，ジェスチャーゲーム（英語では charades という．e.g. play charades）を通じて，生徒のもつ語彙を多く引き出し，生徒の語彙力を確認するものである．

　本活動では，まず6人一組のグループを作り，その中の1人の生徒が既習の単語を身振り手振りで表現し，残りの生徒がその単語を推測して当てる．本活動は，特定の時間内にいくつの語が伝えられたかを競うグループ対抗戦で行う．「おしい」「まったく違う」といった応答もジェスチャーで伝える．

　答える生徒は既知の語彙を自然と数多くアウトプットすることになり，語彙の定着を図ることができる．教師は生徒がアウトプットできる語彙の様子を確認することができ，発声された語彙を利用して，その後の指導に役立てていくこともできる．

　身振り手振りで伝えようとする活動を通し，ノンバーバル・コミュニケーションの大切さにも気づかせることができる．

教材・用具等

　・出題する単語カード30枚程度：どの単元でも可能であるが，既習の語彙をカードにしておく．カードはまとめてジェスチャー席の机の上に伏

せておく．

〈出題カード例：アルファベット順にしておくと，ヒントにもなる〉
　　動詞：　arrive, begin, clean, drink, explain, find, get, help, …
　　名詞：　animal, blossom, country, dinner, earth, flight,
　　　　　　grandmother, headache, …
　　形容詞：angry, beautiful, cold, delicious, easy, fine, great,
　　　　　　high, …

・タイマー
・座席をジェスチャー席と回答者席に分け，以下のような形にしておく．

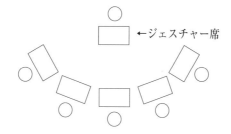

手　順

Activity　ジェスチャーゲームを行う

（1）　グループ　6人一組のグループを作らせ，ジェスチャーを行う順番を決める．1人1問ずつジェスチャーを行い，1問ごとに時計回りに回転するように席を移っていく．5分間に何問正解できるかを競わせる．

（2）　ジェスチャーを行う生徒は，ジェスチャー席に立ち，教師の合図で出題カードを他の生徒に見えないように1枚めくり，単語を確認したら，身振り手振りを使ってその単語を伝える．

（3）　グループ　残りの5人の生徒は，その単語が何であるかを推測し，連想する単語をどんどん発声する．

（4）　ジェスチャーを行う生徒は，正解が出るまでは一言も発声できず，答えに対する反応（Almost right. や No. など）も身振り手振りで行う．正解が出たときのみ，正解者を指さし "That's right." と言い，回答者席に移動する．

〈例：homework の場合〉

Q:　（宿題をやっているジェスチャーをする）

A:　Book! … Write! …. Study!

Q:　（Almost right. をジェスチャーで表現する）

A:　School! … Student! …

Q:　（No. をジェスチャーで表現しながら，家を表すジェスチャーをする）

A:　Home! … Study, Home! … Homework!

Q:　That's right!

（5）　すぐに次の生徒がジェスチャー席に移動し，新たなカードをめくり，ジェスチャーを開始する．正解がなかなか出ない場合でもパスはできないこととする．正解が出るまで，身振り手振りで伝え続け，回答者は思いつく単語を発声し続ける．

（6）　5分経ったところで，教師が終了を告げ，そのグループが何問正解したかを確認する．

指導上のポイント

（1）　既習単語を復習として取り入れるとより効果的である．

（2）　出題する単語は，抽象的なものは表現するのが難しいため，避ける方がよい．動詞，名詞，形容詞の比較的表現しやすいものを選ぶとよい．

（3）　1年間のまとめなど，出題範囲が広い場合には，「動作」，「感情」，「食に関する語」のようにテーマを決めたり，品詞別にして出題すると当てやすくなる．あるいは，1枚目はaから始まる語，2枚目はbから始まる語，3枚目はcから始まる語というように，アルファベット順に1枚ずつカードを並べておけば，推測しやすくなる（教材・教具等の出題カード例を参照）．

（4）　活動中は日本語を使わせないようにし，正解がなかなか出なくてもあきらめずにジェスチャーを続けさせ，回答側の生徒には，思いつく単語を可能な限り多く発し続けさせる．正解が出たら，すばやく席を移動させ，マ

ラソンのように 5 分間ずっと途切れなく英単語が飛び交う状況を保ちたい.

（**5**）　この活動で，コミュニケーション活動において自然にジェスチャーを使おうとする生徒が増えることが期待できる.

（**6**）　グループ対抗の方法は，出題カードが同じであれば全グループを同時に行う方がよいが，他のグループの声が聞こえてしまったりして，ゲーム性が薄れてしまうかもしれない．できれば，出題カードを何種類か用意しておきたい.

教材の応用例

単語でなく，2 語や 3 語で 1 つの意味を成すようなもので出題する．難易度が増すが，コロケーションの知識を増やし，語彙の定着も図れる.

〈例 1：動詞＋名詞〉
　play baseball
　read a book
〈例 2：形容詞＋名詞〉
　the highest mountain
　Japanese movie

（鈴木洋介・小田寛人）

4 ファミリー・ツリー (Family Tree)
——自分の関係者を紹介する　　　　　　　〈中学生向け〉

課題の概要と狙い

　イラスト入りの家系図を用い，教科書などに出てくる家族を表す father, mother などの基本語彙を理解させ，家族や身近な人物について自分との関係性を紹介できるようにする．家族を話題にするが，年齢的に微妙な時期であるので，必ずしも自分の家族でなくともよく，自由に架空の家族（例えば理想の家族）を想定させて行ってもよい．

　本課題では，ペアワーク活動を中心に，例えば，"Is Saichiro your father?" — "Yes, he is. Saichiro is my father." と，質問応答形式での口頭練習を行いながら，身近な人物について本人との関係性を考えさせ，人称代名詞の主格や所有格の表現を使って紹介できるようにする．家族，親戚に関する語彙を広げながら，コミュニケーション力を養っていくことが狙いである．最後に，まとめとして書く作業まで行いたい．

教材・教具等

・ワークシート "Is ○○ your …?" (pp. 140–141 参照)：Family Tree のイラストに grandfather, grandmother, father, mother, brother, sister, uncle, aunt, cousin, me などの語をつけておく．その他，pet, teacher, doctor, friend, favorite singer, favorite athlete などの語も入れておく．Activity 1 の表には，教師の身近な人物（家族や友人など4名程度）の名前を記載しておく．生徒の習熟度に応じて，ワークシートの指示文

135

は日本語で示してもよい.

手　順

Activity 1　教師と表の人物との関係性を英語で言う

（**1**）　生徒にワークシートを配付する.

（**2**）　生徒は，Activity 1 の表にある教師に関係のある人物の名前から，その関係性を推測し，教師に質問をしていく. その応答から生徒は教師とその人物の関係性を表の Relationship の欄に書いていく.

〈例〉　S: Excuse me, Ms. Ono. Is Saichiro your grandfather?

　　　　T: No, he isn't. He is my father.

　　　　S: Thank you. （生徒は Saichiro の欄に father と書く.） Is Kazuo your brother?

　　　　T: No, he isn't. He is my teacher.

　　　　S: Thank you. （生徒は, Kazuo の欄に teacher と書く.） Is Mari your friend?

　　　　T: Yes, she is. She is my friend.

（**3**）　表の名前の 4 人全員に対して生徒と教師はやりとりを続け，生徒は聞いた情報を基に表を仕上げる.

Activity 2　自分の身近な人物との関係性を英語で言う

（**1**）　Case 1 の表に，自分の身近な人物（家族や友人など）4 名の名前を記載させ，その人物との関係性を表の Relationship の欄に書かせる.

（**2**）　ペアワーク　生徒同士のペアを組ませ，ワークシートを交換させる. 生徒は，お互いに相手のワークシートの Case 2 に自分自身の身近な人物 4 名の名前を書き，ワークシートを相手に返す. Activity 1 と同様に，ペアで尋ね合い，Case 2 の表を埋めていく. 時間は 5 分程度.

4　ファミリー・ツリー（Family Tree）──自分の関係者を紹介する　　137

〈例〉　S1:　Excuse me.　Is Mariko your mother?

　　　　S2:　Yes, she is.

　　　　S1:　Is Takuya your father?

　　　　S2:　No, he isn't.　He is my brother.

　　　　S1:　Is Tama your pet?

　　　　S2:　Yes, it is.　It's a cat.

（3）　ペアワーク　ペアをかえて，同様に Case 3 の表を埋めていく．

Activity 3　英語で紹介する文を書く

　自分の身近な人物を 1 人選び，その人物を紹介する文を 3 つ以上書かせる．

〈例〉　Yoshiko is my grandmother.

　　　　She is old.

　　　　She likes dogs.

指導上のポイント

（1）　Activity 2 では，年齢的に微妙な時期であるので，生徒本人の家族をそのまま用いることができないことも考えられる．その際は，架空の家族を作らせる．

（2）　状況によってペア作りが難しいときには，3〜4 人のグループで尋ね合ってもよい．ペアを入れかえるときは，ペアのうち右側の生徒が 1 人ずつずれていくようなルールを作っておくとスムーズに実施できる．

（3）　名前を書く身近な人物は，会話をしないとわからない関係が適切で，学校の先生のようにペアの相手がすでにその関係を知ってしまっている人物は不向きである．ペットなどの名前も入れて，受け答えのとき，Yes や No のあとの主語の人称代名詞（he / she / it）を正確に使っているかについても注意したい．

（4）　Activity 3 で作文させる場合，所有格を使う場合は冠詞がつかない点にも注意したい．

第3章　語彙力をつける活動

〈例〉　Kazuo is a teacher.　○

　　　Kazuo is my teacher.　○

　　　Kazuo is a my teacher.　×

教材の応用例

（1）　Guess and Speak：白紙のカードを生徒に配付し，Activity 3で生徒が書いた作文を，カードに記入させる．本人の名前を裏に書かせ回収する．教師は，数枚のカードを選び，黒板に貼りだす．その際，関係を表す語（例えば，"Yoshiko is my grandmother." なら grandmother の部分）を付箋紙などで隠す．書いた生徒の名前も伏せておき，名前のある人物が「クラスの中のだれとどのような関係にある人物か」を当てさせる英問英答クイズを行う．2か所合わないと正解にならないこととする．

〈貼りだし例：grandmother の部分は付箋紙が貼ってあり文字が見えない〉

Yoshiko is my grandmother. She is old. She likes dogs.	（カードの裏面） Hiromi

〈英問英答例：Yoshiko is （　　　）'s （　　　）. と板書して〉

　　　T:　Who is Yoshiko? Guess!

　　　S1:　Is she a mother or a sister?

　　　T:　No.　She is old.　She is somebody's grandmother.

　　　S2:　Is she Kaori's grandmother?

　　　T:　Kaori, is Yoshiko your grandmother?

　Kaori:　No, she isn't.　My grandmother is Ume.　She doesn't like dogs.

　　　S3:　Hiromi has dogs.　So, Yoshiko is Hiromi's grandmother.

　　　T:　That's right!　Yoshiko is Hiromi's grandmother.

4 ファミリー・ツリー (Family Tree)──自分の関係者を紹介する 139

(**2**) ペアワーク Speak and Write：Activity 3 を口頭練習の中で行って
もよい．以下はその例である．

〈例〉 S1: Is Yoshiko your mother?

S2: No, she isn't. She is old.

S1: Is she your grandmother?

S2: Yes, she is. Yoshiko is my grandmother.

S1: Does she like cats?

S2: No, she doesn't. She likes dogs. I like dogs, too.

S1 は，S2 (Hiromi) から聞いた情報をもとに作文．

〈例〉 Yoshiko is Hiromi's grandmother.

She is old.

She doesn't like cats, but she likes dogs.

（安部肇子・小田寛人）

140　第3章　語彙力をつける活動

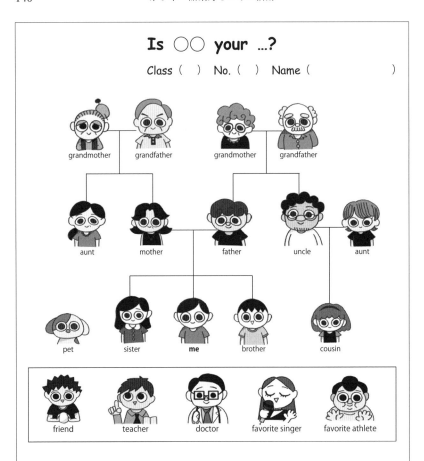

Activity 1

Name	Relationship : Teacher's …
Saichiro	
Kazuo	
Mari	
Ume	

4 ファミリー・ツリー (Family Tree) ── 自分の関係者を紹介する 141

Activity 2

Case 1: Write the names of your family and your favorite people in ①~④.

Name	Relationship: My …
①	
②	
③	
④	

Case 2: Tell your partner to write the names of his / her family and his / her favorite people in ①~④ . Then write your partner's name in [　　　]. And ask him / her about the relationship.

> Excuse me. Is (*Name*) your *Relationship* ?
> Yes, he / she / it is. No, he / she / it isn't.

Name	Relationship: [　　　]'s ~
①	
②	
③	
④	

Case 3: Tell another partner to write the names of his / her family and his / her favorite people in ①~④ . Then write your partner's name in [　　　]. And ask him / her about the relationship.

Name	Relationship: [　　　]'s …
①	
②	
③	
④	

Activity 3

5 職業について考える
──分類による語彙の定着 〈高校生向け〉

課題の概要と狙い

　将来の職業について考えるような授業を展開する場合，まずは職業についての語彙を増やし，職業について語る上での表現力の幅を広げることが大切である．

　本課題では，ブレーンストーミング活動で職業に関する語彙を数多く挙げ，それらを順序付けしたり，分類したりする活動を行うことによって，語彙の定着を図ることを狙いとする．さまざまな職業が，どのようなイメージをもち，どのようなカテゴリーに分類されるかを考えることで，複数の語を関連付けながら語彙を増やしていくことができる．

　ペアまたはグループでコミュニケーション活動を行いながら，思考力と表現力を同時に養っていくことができ，自分の将来について自由に語る活動にまで発展させていくことが期待できる．

教材・用具等
- ワークシート "Occupations"（p. 149 参照）
- 職業絵カード：さまざまな職業名の単語とそのイラスト（p. 150 参照）

〈職業単語例〉
　　a cook / a doctor / an engineer / a fire fighter / a nurse / a pianist /
　　a police officer / a singer / a soccer player / a teacher / a carpenter /

5 職業について考える——分類による語彙の定着　　143

an office worker / a barber / an editor / a scientist / a lawyer / a florist /
a photographer / an interpreter / a hair stylist / a farmer / a baker /
a dentist / a writer / a computer programmer / a newscaster /
a cartoonist / a painter / a flight attendant / a pilot など

手 順

Activity 1　職業名を書きだす

（1）　ペアワーク　生徒が知っている職業名をできるだけ多く英語で書いてみるよう指示する. 時間は5分程度. ペアで協力して行わせ, ペアごとにいくつ書き出せるか競わせてみてもよい.

〈指示文の例：occupation が難しいと思われるクラスでは job を用いる〉
　T:　How many names of occupations do you know?
　　　Write as many of them as possible, please.

（2）　生徒が書いた単語を発表させ, 教師が黒板に書き出す. または生徒自身に黒板に書かせてみてもよい. 後の活動で必要となる職業名が出ていない場合は, 教師が誘導しながら書き足すようにする. 全体で語のスペリングや発音の確認, 練習を行う.

Activity 2　職業カルタ取りをする

（1）　グループ　グループ（4〜6人）で絵カード（p. 150 カード例を参照）をカルタのように使用する. グループごとに職業の絵カードセットを配り, 机上に並べる. 読み上げ役は教師が務め, 職業名の英単語を発音する. 生徒はそれを聞いてすばやく絵カードを取ることを競う. 教師は時おりダミーとなる職業名を発音し, 活動に変化をもたせる.

（2）　教師は職業名の英単語を読み上げるかわりに, ヒントとしてその職業に関連する単語または語句を3つ発音し,（1）と同様の活動を行う.

（3）　グループ　生徒に絵カードから4つの職業を自由に選ばせ, そのイメージからヒントとなる単語または語句をそれぞれ3つ考えさせる. 教師の代わりに生徒が3つのヒントの読み上げ役を交代で行い,（2）と同様の活

動を行う.

Activity 3　職業を 3 つのカテゴリーに分類する

（**1**）　教師は絵カードから 10 の職業を選び，基準となるカテゴリー（分類項目）を提示し，生徒にその基準に沿って {高い（多い），中間，低い（少ない）} といった 3 つの範囲に分類するよう指示する．例えば，その職業は年収が {多い，中くらい，少ない} のどれか，休みが {多い，中くらい，少ない} のどれか，人との交わりが {多い，中くらい，少ない} のどれか，女性の活躍の場が，{多い，中くらい，少ない} のどれか，仕事での危険度が {高い，中くらい，低い} のどれか，資格の必要性が {高い，中くらい，低い} のどれか，など．教師が英語の質問で基準を示すとよい．

〈質問例〉

In which occupation can you earn a good salary?

Which occupation has long holidays?

In which occupation do you work with people?

In which occupation are there many women?

Which occupation needs qualifications?

（**2**）　グループ　生徒はグループで，机上の絵カードを与えられた基準に沿って 3 つのカテゴリーに分類する．さらに細かく，例えば最も年収が高いと思われる職業から並べて順位をつけさせてもよい．生徒はカードを使いながら，英語または日本語で自分の考えや理由を説明するコミュニケーション活動を行う．

（**3**）　プレゼン　どのような結果になったかグループごとに発表する．

指導上のポイント

（**1**）　あらかじめ用意するものとして，さまざまな職業の絵カード（p. 150 カード例参照）を生徒のグループ数分（約 8 セット）を作っておく．グループ活動の中で机上において生徒たちが自由に思考するのを助けるためのものであり，ただの単語カードでもよく，生徒の習熟度や好みに応じて，また準

5　職業について考える——分類による語彙の定着　　　145

備し易い形で用意できればよい．絵カードの職業は 30 くらいまで作ってお
き，実際の活動時では，時間や生徒の学習到達度を考えて何枚使うかを適宜
決める（10 分の活動なら 10〜15 枚程度）．

　（2）　Activity 1 の手順（2）では，黒板に語彙を書き出すことによってク
ラス全体で情報を共有することができる．そのときに，気を付けたい表記
や，発音などの確認，PC 語（p. 150「職業名の英語」参照）についての説明
などをするとよい．

　（3）　Activity 2 の手順（2）でのヒントは，最初からあまりわかりやすい
ヒントにならないように工夫し，3 つ目のヒントまで聞いて判断できるよう
な出し方ができればよい．カードを取るときは職業名を発音して取る，お手
付きは 1 回休み，などのルールを決めておくとよい．

　（4）　また，絵カードをカルタとして利用する活動は，学習段階に応じて，
読み上げる素材をかえることで様々な応用がきく（教材の応用例参照）．

　（5）　Activity 3 の手順（2）の活動は，生徒たちに自由に行わせるが，意
見のあとに理由も説明するようにさせたい．ただし，英語で難しい場合は日
本語でも可とする．理由は主観的なものも可とし，自由に発言できる雰囲気
を大切にする．人の意見を聞き，自分の意見を述べることで，語彙力の定着
だけでなく，コミュニケーション力を養うことも期待できる活動となる．時
間は十分にとるとよい．

解答例

Activity 1:　Write as many names of occupations in English as possible.

cook	doctor	engineer	fire fighter	nurse
pianist	police officer	singer	soccer player	teacher
carpenter	office worker	barber	editor	scientist
lawyer	florist	photographer	interpreter	hair stylist
farmer	baker	dentist	writer	computer programmer
newscaster	cartoonist	painter	pilot	flight attendant

146 第3章 語彙力をつける活動

Activity 2: Choose four occupations and make three hints for the images of them.

Ex	police officer	uniform	arrest	patrol
1	fire fighter	brave	put out fires	fire engine
2	soccer player	good salary	athlete	kick a ball
3	nurse	usually wear white	care for the sick	hospital
4	farmer	work flexibly	nature	produce food

Activity 3: Divide these occupations into three classes according to each category.

category	high (many)	standard	low (few)
annual salary	(10), (2), (7), (6)	(1), (3), (5)	(4), (8), (9)
long holidays	(10), (6), (7), (9)	(1), (2), (3)	(4), (5), (8)
works with people	(9), (5), (2), (1)	(6), (7), (8)	(3), (4), (10)
proportion of women	(5), (6), (7)	(1), (9), (2), (8)	(3), (4), (10)
qualifications	(2), (5), (9)	(3), (4), (1), (8)	(6), (7), (10)

教材の応用例

（**1**） 関係代名詞 who の学習後であれば，Activity 2 の（2）において，3つのヒントを出す活動の代わりに，下の Activity 2-2 のような職業の定義を使ってカルタを行うこともできる．生徒は who 以下の下線部を聞いて答えとなる職業名を推測し，その職業名を発音しながらカードを取る．教師は‘is’ のあとで少し間をおき，各グループでカードが取れたことを確認し，（ ）内の答えの部分を読み上げる．この活動の中で，職業の定義を英英辞典で確認させる活動を加えてもよい．

Activity 2-2: Fill in the blanks.

1. A person whose job is to put out fires is a (fire fighter).
2. A person who plays the piano professionally is a (pianist).
3. A person who teaches in a school is a (teacher).

5 職業について考える——分類による語彙の定着　　147

4. A person who prepares and cooks food is a (cook).

5. A person who owns or manages a farm is a (farmer).

6. A person who makes bread and cakes commercially is a (baker).

7. A person whose job is to take care of people's teeth is a (dentist).

8. A person who writes books, stories, or articles as a job is a (writer).

9. A person who reads broadcast news stories is a (newscaster).

10. A person who operates the flying controls of an aircraft is a (pilot).

　また，生徒たちにほかの職業について関係代名詞 who を使った問題を自由に作らせ，それを読み上げてカルタ取りを行ってみてもよい．生徒たちがすべて主体的に行うようにすれば，難易度は増す．Activity 3 では，生徒たちに分類項目も自由に決めさせれば，思考力も鍛えられ，主体的な活動となる．

（2）　Activity 1〜3 の課題で，職業に関連する基本的な語彙が定着し，職業について柔軟な思考が可能になっていることが期待できる．そこで，本課題のあと，下の Activity 4 のような活動を加えてみるとよい．

Activity 4:　Which is important to you?　Number them from 1 to 3 in order of importance.（1 = quite important, 2 = very important, 3 = most important）

(A) working with people	(E) long holidays	
(B) a good salary	(F) regular pay rises	
(C) a nine-to-five job	(G) job security	
(D) being able to work flexibly	(H) good promotion prospects	

（3）　また，職業への適性や好みを確認する材料となり，将来就きたい職業について，エッセイを書いたりスピーチをしたりする活動に発展させることもできる．職業における条件や環境について，自分にとってどのくらい重要なことなのか，生徒に考えさせたい．おそらく生徒の発信する英文は，本

課題を経ることによって，表面的で単調な英文でなく，職業を多角的にとらえ，自分の将来就きたい職業について理由をつけて述べる完成度の高い英文になることが期待される．

（**4**）　本課題では，職業名の語彙を例として Activity を紹介したが，食べ物やスポーツなどの生徒に身近な語彙でそのまま応用できる．例えば食べ物の場合，Activity 3 では，{甘い，酸っぱい，苦い} などの味覚や，旬な季節，などの項目で分類する活動を行うことができる．あるテーマ，分野での語彙を増やす方法として，本課題はさまざまに応用できる．

参考文献

永倉由里『知ってトクする！ 英語学習ハンドブック』開拓社，2008.

（小田寛人）

5 職業について考える――分類による語彙の定着 149

Occupations

Class (   )　No. (   )　Name (   )

Activity 1:　Write as many names of occupations in English as possible.

Activity 2:　Choose four occupations and make three hints about their image.

Ex	police officer	uniform	arrest	patrol
1				
2				
3				
4				

Activity 3:　Divide these occupations into three classes according to each category.

(1) a cook	(2) a doctor	(3) an engineer	
(4) a fire fighter	(5) a nurse	(6) a pianist	(7) a singer
(8) a police officer	(9) a teacher	(10) a soccer player	

category	high (many)	standard	low (few)
annual salary*			
long holidays			
works with people			
proportion of women			
qualifications**			

*annual salary: the money you earn in a year
**qualifications: what you need for occupations

職業絵カード例

職業名の英語

　一昔前の教科書では，警察官は policeman，消防官は fireman であった．現在は，警察官は police officer，消防官は fire fighter と記されるのが定着している．これは，1980年代から，用語における差別・偏見のないよう中立的な表現を使おうとする PC（Political Correctness）の影響を受けているからである．

　職業名は「～ man」となるものが女性差別的であるとされ，「～ person」などの表現に変更されてきている．文脈上明らかに男性の警察官をさす場合には，policeman を使うことは間違いではないが，一般的な職業名をさす場合は police officer にするように配慮されている．

　最近の教科書には，巻末資料にイラスト付きで職業が紹介されていることがあるが，実はそのイラストの男女比にも気を使っていることがわかる．10の職業が紹介されていれば，女性5人，男性5人の1：1の割合となっている．かつては女性のイメージの強い nurse（看護師）も男性のイラストになっていたりする．

6 有名人を説明しよう
──程度を表す副詞　　　　　　　　　　　　　〈中学2年生以上〉

課題の概要と狙い

　本課題では，生徒と教師のコミュニケーション活動を通して，言語形式，副詞と形容詞の意味と用法について理解させることを狙いとする．とくに形容詞を修飾してその程度を表す副詞について，単にその意味と機能を説明するのではなく，言語活動を通して定着させることを主眼とした．

　本活動では，教師の問いかけに対し，与えられた副詞や形容詞のリストをもとに，写真の有名人について英語で説明していく．名詞だけで答えるのではなく，適切な形容詞，副詞を用いて説明を加えていく．まず，写真の人物の名前や職業などを述べ，次に，その人物についての印象を形容詞や副詞を用いて表現していく．ここで扱う副詞は，形容詞を修飾してその程度を表現する「程度を表す副詞」とする．具体的なイメージとともに，関連する語彙を身に付けていくことを狙いとする．

　生徒になじみのある有名人を題材にすることで，意欲的に活動に取り組むことが期待できる．

教材・用具等

・スポーツ界，芸能界等の有名人の写真を10枚程度用意する

151

152   第3章　語彙力をつける活動

〈写真例〉

有名人の写真1 Tom Cruise	有名人の写真2 Asada Mao	有名人の写真3 Otani Shohei

・プリント「有名人を説明しよう」(p. 154 参照)
・語彙リスト：職業等を表す名詞，程度を表す副詞，形容詞，それぞれの
　語彙を 10 個程度挙げておく

〈例〉
　　職業等を表す名詞：cartoon character, comedian, athlete, movie
　　　　　　　　　　　　　　actor, singer, TV star, statesman
　　程度を表す副詞：extremely, pretty, rather, quite, fairly, some-
　　　　　　　　　　　　what, not so
　　形容詞：beautiful, cute, famous, funny, handsome, scary, smart,
　　　　　　　strong, talented

手　順

Activity　「程度を表す副詞＋形容詞」を使ってみる

（1）　生徒の知っているような有名人の写真を提示して，教師が生徒に次
の質問をする．

　〈例〉　Who is she / he?

（2）　生徒は以下の文を用いて質問に答える．なお，下線部は人名で答え
させることに注意したい．

　〈例〉　He is Tom Cruise.
　　　　　She is Asada Mao.

（3）　語彙リストを配り，写真の人物を説明するために，①，②，③に下
の①〜③のリストから適切な語（句）を補い英文を完成させる．①には写真

の人物の職業などを入れるが，②には程度を表す副詞を用い，③には形容詞を用いて，人物の説明を加えることにする．

She / He is a(n) ① ＿＿＿＿＿＿ ．

She / He is ② ＿＿＿＿＿ ③ ＿＿＿＿＿＿ ．

① cartoon character, comedian, athlete, movie actor, singer, TV star, statesman

② extremely, pretty, rather, quite, fairly, somewhat, not so

③ beautiful, cute, famous, funny, handsome, scary, smart, strong, talented

（4）　生徒が慣れてきたら，副詞と形容詞のリストを見ないで，口頭で練習する．

指導上のポイント

（1）　「主語＋動詞＋補語」（SVC）の基本的な文構造を学習する活動でもあり，有名人の写真がグループであるような場合には，Who are they? They are ... となるように，初学者には be 動詞の使い方に注意させたい．

（2）　She / He is ... という人物を主語にする表現に慣れたら，Her hair is ... / His voice is ... のように，その人物の一部や一面を主語にして表現させることに挑戦させてもよい．

（3）　「程度を表す副詞」は，表す程度の種類によって，「強調」（extremely, fairly など）と「緩和」（somewhat など）に分類することができる．この違いを説明する必要はないが，指導の際には念頭に置いておき，質問が出た際には答えたい．

（4）　また，ここで注意しなければならないのは，副詞が形容詞の前にくる語順を生徒に確認させることである．形容詞の前に「程度を表す副詞」を用いることで，形容詞の意味を強調させたり緩和させたりすることができることを理解させ，実際のコミュニケーションで用いられることを目的に指導したい．

（5）　口頭練習以外にも，写真の有名人に関して説明ができるように英文

を書かせる指導も考えられる.

〈英文例〉

　　・He is Stevie Wonder. He is a singer. He is extremely famous.
　　・She is Anne Hathaway. She is an actor. She is fairly cute.
　　・They are *Arashi*. They are TV stars. They are somewhat talented.

教材の応用例

（1）　生徒に，自分の好きな俳優，歌手，スポーツ選手などを自由に選ばせ，その人物について説明させる．その際，その好きな理由を，ここで練習した「程度を表す副詞＋形容詞」で説明させる．

　〈例〉　Whitney Houston: She is my favorite singer, because her voice
　　　　　is fairly attractive.

（2）　習熟した生徒には，辞書を使ってリスト以外の語句を探す活動をさせれば，語彙力のさらなる増強が期待できる．

（山﨑浩之・小田寛人）

プリント

有名人を説明しよう

She / He is a(n) ① ＿＿＿＿＿ ．
She / He is ② ＿＿＿＿＿ ③ ＿＿＿＿＿ ．

①　cartoon character, comedian, athlete, movie actor, singer,
　　TV star, statesman
②　extremely, pretty, rather, quite, fairly, somewhat, not so
③　beautiful, cute, famous, funny, handsome, scary, smart,
　　strong, talented

7 語源の活用で語彙補強

——接頭辞・接尾辞を学ぶ

〈高校生向け〉

課題の概要と狙い

　語彙力養成を図るには，英単語がアルファベットの無意味な羅列ではなく，意味のあるつながりであることに気づかせることが肝要であり，この気づきによって生徒は語彙を増やすことに一段と興味をもつことになろう．その手段の1つが語源（「接頭辞」「語根」「接尾辞」の組み合わせ）の活用である．

　本課題では，指示された接頭辞・接尾辞を含む単語を見つけさせ，意味のつながりや広がりを確認させ，また逆に接頭辞・接尾辞を利用し，単語からその意味を推測させる．接頭辞・接尾辞を含む単語に目を向けさせることで，語彙の広がりを体感させ，未知語の意味の推測や記憶が容易となることを狙いとする．接尾辞には品詞を転用させる働きがあることを確認し，さらに語彙力の増強につなげていく．

教材・用具等

　・課題シート "Prefix, Root, & Suffix"（p. 159 参照）

手　順

Activity　英文の解説を聞き，接頭辞，接尾辞を学ぶ

　（1）　課題シートを生徒に配付し，教師が読み上げる．その際に，prefixesのようななじみのない語は，prefixes or,「接頭辞」のように日本語で伝える

155

ようにする.

（**2**）　Activity 1 の答えを生徒に考えさせる．まずは，思いついた生徒に手を挙げて言わせる.

（**3**）　その答えを教師は板書し，該当する prefixes に色チョークで下線を引き，注意を促す.

（**4**）　同様に，Activity 2, 3 を行う.

指導上のポイント

（**1**）　Activity 1 では，数を表す接頭辞を学習のポイントとしたが，否定の接頭辞（*un-*, *in-*, *dis-* など）や方向を示す接頭辞（*ex-*, *in-*, *inter-* など）を学習のポイントにすることもできる.

（**2**）　接尾辞には品詞を転用させる働きがあることはよく知られたことであるが，それのみならず「〜する人・装置」を表す「〜 *er*」や「〜が無い」を表す「〜 *less*」のようなものもある．Activity 2 では，こうした接尾辞のいくつかを学ばせることによって，語彙力増強につなげたい.

（**3**）　Activity 3 では，Activity1, 2 で目を向けさせた接頭辞及び接尾辞と語根の組み合わせを見抜くことで，単語の意味の推測練習をさせたい．また，今回は（1）〜（3）の 3 語を推測させたが，別の語を問題として教師が提示したり，ペアワークで提示し合ったりすることができる.

（**4**）　こうした語彙力の養成は一朝一夕にはできないので，教科書で新語が出てきた際に，辞書で調べさせる前に接頭辞・接尾辞の知識を活用させながら，語の意味を推測させたり，関連する語や反意語などを確認していくことも大切である.

課題の日本語訳例

Activity 1

接頭辞の中には「ある数」を表し，その意味を別の語に付け加えるものがある．たとえば，*mono-* は「1」という意味をもつ．こうして *monologue* は「劇や映画やテレビの 1 人芝居」「1 人の長談義」を意味することになる．ほかにも *monorail, monotone, monolingual* といった例がある.

7　語源の活用で語　補強──接頭辞・接尾辞を学ぶ　　157

「ある数」を表す意味をもつ接頭辞を含む他の語の例はどんなものがあるか.

Activity 2

接尾辞には品詞を変えたり，新しい語を作り出すものがある．たとえば *-ful* は *beautiful, careful, cheerful* のようにその語を形容詞に変える．次の接尾辞はほかの役割をもっている．それらの接尾辞をもつほかの語を探し，接尾辞の意味を推測しなさい.

(1)　*teacher* や *cleaner* の中の *-er*
(2)　*careless* の中の *-less*

Activity 3

次の (1) ～ (3) の語は接頭辞・接尾辞・語根などからできている．それぞれのパーツの意味を考慮し，単語の意味を推測しなさい．以下に例を示す.

〈例〉　*international* は *inter, nation, al* からできている．*inter* は「～の間」を意味し，*al* は形容詞を作る．それで，その語の意味は「1つ以上の国に関して（＝国際的）」となる.

次はみなさんの番です.

(1)　unbreakable　　(2)　recreation　　(3)　centipede

解答例
Activity 1

uni-（＝1）を含む語の例：union, unite, unicorn, university, uniform, unique, ...
twi-（＝2）を含む語の例：two, twelve, twenty, twice, twin, twilight, ...
tri-（＝3）を含む語の例：triple, trio, triangle, trilingual, ...
centi-（＝100）を含む語の例：cent, centimeter, century, percent, centipede, ...

158　　　　　第3章　語彙力をつける活動

Activity 2

(**1**)　teacher の *er* は「〜する人」: e.g. climber, worker, helper, leader, ...

cooker の *er* は「〜する器具」: e.g. heater, typewriter, burner, ...

※「*-er*」の特殊な例：broiler (broil されるもの), planter (plant される場所)

(**2**)　careless の *less* は「〜がない」: e.g. helpless, wireless, priceless, ...

Activity 3

(**1**)　unbreakable = un（〜ない）＋break（壊れる）＋able（〜できる）＝「壊れない」

(**2**)　recreation = re（＝again）＋create（作り出す）＋tion（名詞）＝「再び（元気を）作り出す」→「元気回復，レクリエーション」

(**3**)　centipede = centi（＝100）＋pede（＝pod, 足）＝「百足（ムカデ）」

教材の応用例

　否定辞（un-, in-, im-, non-, dis-, -less など）が付くことで逆の意味になる単語をできるだけたくさん探させるなど，個人あるいはチームで競わせる．普段の授業で用いる教科書にも接頭語や接尾語を含む単語は頻出しているので，教師はいつも意識しておきたい．

〈例〉　unable, unhappy, unknown, unavailable,
　　　　incredible, indirect, injustice, independence, impossible,
　　　　nonsense, nonstop, nonverbal, discourage, discover,
　　　　careless, harmless, stainless, useless，など

参考文献

影山太郎（1999）『日英対照による英語学シリーズ2　形態論と意味』くろしお出版，1999，第9章.

(溝下　肇)

Prefix, Root, & Suffix

Activity 1

Some prefixes add the meaning of a number to other words. For example, *mono-* has the meaning of one or single. Thus, monologue means "a long speech by ONE character in a play, movie, or television show" or "a long period of talking by ONE person that prevents other people from taking part in a conversation." Other examples are *monorail*, *monotone*, *monolingual*, and so on. What are other examples with a prefix including the meaning of a number?

Activity 2

Some suffixes change the part of speech, or can create new words. For example, *-ful* changes some words into adjectives, such as, *beautiful*, *careful*, *cheerful*, and so on. The following suffixes have other roles. Find other words with them and guess the meaning of these suffixes.

    (1) *-er* in *teacher* and *cooker*   (2) *-less* in *careless*

Activity 3

The following words (1) ～ (3) are made of prefix, root, and suffix, and so on. Consider the meaning of each part and guess the meaning of the word. Here is an example.

e.g.) *International* is made of *inter*, *nation*, and *al*. *Inter* means between or among, and *al* makes it an adjective. So, its meaning is "concerning more than one nation."

Next your turn.

    (1) unbreakable   (2) recreation   (3) centipede

8 語彙の瞬発力をつける
──電子フラッシュカードの利用 〈中学2年生以上〉

課題の概要と狙い

　英語の授業は英語で行うとは言うものの，語彙の定着は日本語と英語を用いるのが一番効率的であると思われる．そして，ある英単語を見てすぐに日本語訳が言える，日本語訳を見てすぐに英単語に変換できるようにするのに一番効果的なのは，ずばり昔ながらの「フラッシュカード」である．単語を知っていても文章の中でどうやって使うかも一緒に覚えないといけないという人もいるが，生徒に一度にそれを要求するのは酷であろう．まずは語彙の瞬発力を増やす．次にそれを使う場を与えることによって使い方を覚えるのが早道だと思われる．

　本活動は，ペアワーク等で英単語とその日本語訳の発声を何回も繰り返した後，フラッシュカードのようにスクリーンに日本語訳を映し出し，全体で一斉に瞬時にその英単語を発声させるものである．日本語から英語への瞬発力をつけていくことを狙いとする．応答の素早さを競い合って楽しむくらいのゲーム感覚で行いたい．

教材・用具等

- ・教科書の英単語（1つのレッスンの新出単語だけでなく，重要単語はすべて）と訳を載せた一覧表
- ・電子フラッシュカード：1回で使うのは20語程度．表示ソフト "WordFlash" を利用すると便利．（電子フラッシュカードが用意できな

160

い場合は，自家製のフラッシュカードを作成する．）

〈英単語一覧表の例〉

street	通り
different	違った
secret	秘密
share	分担する
husband	夫
⋮	⋮
electricity	電気

〈自家製フラッシュカードの例〉

フラッシュカード（表）　　　　フラッシュカード（裏）

| 通り |
| street |

手　順

Activity　単語を繰り返して声に出す

（1）　一覧表を使い教師の後に続いてそのレッスンすべての英単語を音読させる．

（2）　立って1回各自に単語を音読させる．英語→日本語→英語→日本語と1つの英単語を2回繰り返して読む．

（3）　その日に覚える範囲を指定する．20語程度までに絞る．

（4）　ペアワーク　ペアになり，じゃんけんをして勝った方が，日本語を言い，負けた方が英語を言う．英語を言うときは顔を上げる．1分後，役割を交代してもう一度行う．

（5）　電子フラッシュカードを利用する場合，スクリーンにフラッシュカードで日本語を映し出し，生徒はそれを見てすぐに英語に直して声に出すということを一斉に行う．電子フラッシュカードがない場合は，先に作成した自家製のフラッシュカードを使う．

指導上のポイント

（**1**）　クイック・レスポンスが重要．すぐに英単語が飛び出すように楽しみながら訓練する．

（**2**）　1つの課が終了するころには，そこで学んだすべての単語が言えるようにしたい．

（**3**）　一覧表を作成する際，英単語1つに1つの日本語訳をつけることになるが，そのことによる弊害も考慮した上で作成する必要がある．教科書のその課で学んだ意味ということにしておきたい．

（**4**）　昔ながらのフラッシュカードの効果は恐るべしである．作るのが面倒だが，これなら簡単に生徒の語彙力を伸ばすことができる．

教材の応用例

一斉に言わせる代わりに，座席順で行っても楽しく行うことができる．

電子フラッシュカードを利用する場合，間隔を2秒あるいは手動に設定すれば，単語だけでなく，句やセンテンスでもできる．

参考文献

表示ソフト "WordFlash" http://www.eigo.org/kenkyu/page2006-8.htm

　　浜島書店が無料で単語フラッシュカードのアプリを提供してくれている．0.5秒間隔がおすすめ．

（寺田義弘）

9 ペアで，その場で語彙力 UP！
——繰り返しの効果を狙う

〈高校生向け〉

課題の概要と狙い

英語教育では，文法の知識や読解力に加え，コミュニケーション能力の重要性が注目されて久しい．しかし，語彙を増やすことについては各個人が努力するものという感覚がいまだに根強く残っているのではないだろうか．

本活動では，自宅等で単語の意味調べができない生徒が多いクラスでの授業，あるいは投げ込み教材[1]などで単語調べよりも内容把握を重視する授業で，ペア活動などを通じて語彙の確認と定着を狙いとする．

本活動では，大きく3つのパターンを行う．まずは，教師のあとについて単語一覧表を見ながら繰り返す活動，次に，一覧表の一部を見ながら繰り返す活動，次に生徒同士の活動である．リピート，音読，リズム・テンポが大切で，単語表には日本語も出してあるが，生徒は英語のみを発声することとなる．

教材・用具等

- 語彙一覧表（p. 168 参照）：左半分に英単語（語句），右半分にその日本語訳．
- タイマー

---

[1] 投げ込み教材とは，本来は予定になく，単発で授業に使う教材のこと．他クラスとの進度あわせに1時間だけプリントで長文を読ませるとか，授業中10分だけ違う活動をさせるとか，文字どおり「投げ込む」教材のこと．

163

手　順

<u>Activity 1</u>　英文を聞く

本時で扱う英文を朗読する，または CD 等の音源を使って聴かせる．このとき，文字は見ないようにさせるとよい．

<u>Activity 2</u>　単語を繰り返す

教師に続いて単語をリピートさせる．1語につき4回．ただし，3回目は教師のみ日本語を読み，生徒には英語を繰り返させる．読むときはリズムを重視する．以下はこの活動を英語で行う際の指示の例である．

〈指示例〉

T:　Now, let's read the words and phrases.　Repeat after me in English.　But be careful.　Never repeat my Japanese.　You should repeat in English even when I read Japanese.　O.K?

　　　O.K.　Are you ready?

Ss:　Yes!

T:	Here we go! "Energy."	Ss:	"Energy."
T:	"Energy."	Ss:	"Energy."
T:	"エネルギー."	Ss:	"Energy."
T:	"Energy."	Ss:	"Energy."
T:	"Hungry."	Ss:	"Hungry."
T:	"Hungry."	Ss:	"Hungry."
T:	"空腹の ."	Ss:	"Hungry."
T:	"Hungry."	Ss:	"Hungry."
T:	"Concentrate."	Ss:	"Concentrate."

<u>Activity 3</u>　日本語から英語へ，英語から日本語へ

（**1**）　語彙一覧表を縦半分に折らせる．英単語側のみを見て，教師に続いて単語をリピートさせる．今回は日本語→英語，英語→英語の2回のみ繰り返す．ただし，生徒の反応があまり良くない場合は，英語→英語をもう1,

9　ペアで，その場で語彙力 UP！──繰り返しの効果を狙う　　165

2 度追加で繰り返してもよい．以下はこの活動を英語で行う際の指示の例である．

〈指示例〉

T: Now, fold your worksheet in half lengthwise. Repeat after me again, but never repeat in Japanese. Are you ready?

Ss: Yes!

T: "エネルギー."	Ss: "Energy."
T: "Energy."	Ss: "Energy."
T: "空腹の."	Ss: "Hungry."
T: "Hungry."	Ss: "Hungry."
T: "集中する."	Ss: "Concentrate."

（2）　ペアワーク　ペアを作り，お互いに日本語→英語の練習をする．着席したままでもよいが，できれば立たせて行う．語数に応じて 30 〜 60 秒経ったら交代する．タイマー等で時間を計るとよい．出題順はランダムでよい．時間内に何回繰り返してもよい．相手が 3 秒経っても正解が言えなかったら，出題者が正解を言って次の語に進む．時間が来たら交代する．以下はこの活動を英語で行う際の指示の例である．

〈指示例〉

T: Now, make pairs and do *janken*. Winners, give your partner Japanese meanings. Losers, put them into English. I'll give you 40 seconds. Many times. At random. 3-second-rule. Ready? Go!

S1: "空腹の."

S2: "Hungry."

S1: "観察する."

S2: "Observe."

　　　⋮

T: Stop! Time's up! Now, switch the role. Losers, Japanese.

166   第3章　語彙力をつける活動

　　　Winners, English.　40 seconds.　Many times.　At random.
　　　3-second rule.　O.K.　3, 2, 1, Go!
　S1: "観察する."
　S2: "Observe."
　S1: "朝食を抜く."
　S2: "Skip breakfast."

（3）　語彙一覧表を伏せさせ，何も見ないで教師に続いて単語（句）をリ
ピートさせる．日本語→英語，英語→英語の2回のみを基本とし，反応が悪
い語は更に繰り返す．リストを一通り繰り返したら，ランダムに出題する．

〈例〉 T:　Now, turn your worksheet over and put it down.　Repeat after
　　　　　me again, but never repeat in Japanese.　Are you ready?"
　　Ss: Yes!
　　T: "エネルギー."　　　　　Ss: "Energy."
　　T: "Energy."　　　　　　　Ss: "Energy."
　　T: "空腹の."　　　　　　　Ss: "Hungry."
　　T: "Hungry."　　　　　　　Ss: "Hungry."
　　T: "集中する."　　　　　　Ss: "Concentrate."

指導上のポイント

（1）　テンポよく行うことが重要．繰り返させるときは生徒が言い終わる
と同時に教師が次の語を口にするくらいの勢いで，リズムを壊さないように
注意する．

（2）　ペアで日本語→英語をさせている間は机間巡視を行い，発音が不明
確な生徒には正しい発音をしてみせるとよい．

（3）　ペアが同じだと飽きてくるので，前後のペアなど，相手をかえて行
うのもよい（p. 84 ペアワーク・フォーメーション参照）．

（4）　大きな声を出さないクラスでは，ペアワークの際にやや大きめの音
量で音楽を流し，大きな声を出さざるを得ない状況を作るとよい．

教材の応用例

（**1**）　語彙一覧表の英語の部分を空白にして，予習の段階で英文から抜き出させてもよい．あるいは，復習テストとして英単語を書かせてもよい．

（**2**）　上記 Activity 3 で，日本語訳の側を見ながら繰り返させると，発信型の語彙定着を図ることができる．同じ教材を数時間使う場合など，2時間目以降に行うとよい．

（田並　正）

語彙一覧表（例）

Words & Phrases to Remember

	Words & Phrases	日本語訳
1	energy	エネルギー
2	hungry	空腹の
3	concentrate	集中する
4	skip breakfast	朝食を抜く
5	expert	専門家
6	extra	余分の
7	observe	観察する
8	snail	かたつむり
9	thousands of A	何千ものA
	…	…

第4章

読解力
をつける活動

1 世界へのパスポート

──手順を読んで作品を完成させよう！ 〈中学3年生以上〉

課題の概要と狙い

　英文で書かれた手順を読んで，その指示に従って活動をさせる．海外のクラフトや料理，また塗り絵などを題材にして，英文の手順に添って活動を進めると，その作品が出来上がるといった内容である．英文を自力で読ませることによって，読むことに慣れさせ，読む楽しさを感じさせ，作品を完成することで，達成感を与えることを狙いとする．この活動では，出来上がった作品を見れば正しく英文を理解したかどうかをその場で確認でき，また内容によっては異文化理解につなげていくこともできる．

　複数の課題シートをまとめ，活動集（他の国のクラフト・料理または文化にまつわる活動集）を作り，その1つまたは複数の課題を選ばせれば，速読の力を養うこともできる．また，読む量を増やすこととなり，選択する楽しみを与えることもできる．授業中だけではなく，課外活動で用いることもでき，長期休暇の課題としても，家庭学習としても用いることができる．

教材・用具等

- ・課題シート： 海外のクラフト・料理・塗り絵などを参考に，その手順を英文で示したもの
- ・課題それぞれの作成に必要となる材料，文房具，調理器具等

1　世界へのパスポート──手順を読んで作品を完成させよう！　　171

〈例〉　課題シート A "The More We Get Together"（p. 174 参照）：国際
　　　　理解のためのクラフト
　　　　　　・人型の描かれたシート（ライトオレンジ色の色画用紙に印刷）
　　　　　　・のり，はさみ等の文房具
　　　　　　・（必要があれば）説明を書くシート
〈例〉　課題シート B "Let's Make Marshmallow Rice Crispie Treats"（p.
　　　　175 参照）：アメリカで人気のおやつのレシピ
　　　　　　・シートに示された食材，調理器具
〈例〉　課題シート C "Our Town"（p. 176 参照）：塗り絵と絵の描き込み
　　　　　　・色鉛筆等の文房具

手　順

Activity　英文を読んで，作品を完成させる

（**1**）　クラフトや料理等を作るプロセスが英文で書いてある課題シートを
配付する．

（**2**）　（1）で配付したシートの活動で必要な材料を合わせて配付する．

（**3**）　生徒は（1）で配付されたシートの手順に従って，クラフト・料理な
どに取り組み，完成させる．

（**4**）　できた作品を提出，または作品を撮った写真をつけたレポートを提
出させる．

指導上のポイント

（**1**）　課題シートを準備する際，生徒が推測だけで作成しても完成しない
ような仕掛けをどこかに入れておくとよい．その箇所を中心として確認する
と，英文を読んで作成したかどうかがわかる．

（**2**）　また，教師の判断で，課題シートのいくつかの語については注を付
けておくとよい．

（**3**）　課題シートを複数準備して活動集として配付し，そこから好きな課
題を選択させ，取り組ませることもできる．その際は，どうしてそれを選ん
だのかについて，話をさせたり，書かせたりすると，「自らの考えについて

英語で表現する」活動につなげることができる.

（**4**）　課題シート A の "The More We Get Together" は，クラスまたは学年全員で取り組ませて，それぞれの手と足を糊付けし，頭の上のタグにひもを通してバナーを作成し，教室の壁や廊下などにはり出すこともできる. また，文化祭などのイベントでの活用も可能である.

（**5**）　課題シート B（料理レシピ）では，作品提示はできないので，写真をつけて感想などを書いたレポートを提出させる.

（**6**）　課題シート C（塗り絵）では，あらかじめ生徒情報を把握してから進めたい. 色覚に問題を抱える生徒がいる場合は，その色を使わずに文を作成したい.

（**7**）　学習の初期には説明しながら一斉に取り組ませることが望ましい.

教材の応用例

（**1**）「なぜその課題に取り組んだか」「どこに苦労したか」「作品を作っての感想」などを英語で書かせ，作品と共に掲示する. さらに掲示した作品と感想にファンレターを書くようにさせれば，「書く」活動につながる. あるいは，作品について生徒間で会話をさせると，もう一度「読む」「話す」活動につなげることができる.

〈書く活動：ファンレター例〉

To Kana,
I like your town map. I love your cat. It is really cute.
I want a cat like your cat in my house.
Saki

〈会話例〉　S1:　Why did you choose and make it?

S2:　I made it because I love sweets.

S1:　What was difficult for you?

S2:　It was difficult to beat the cream.

1 世界へのパスポート──手順を読んで作品を完成させよう！　　173

（**2**）　教材を参考に，生徒たちに好きな料理の作り方を英文で作成させる．ペアまたはグループで考えさせ，クラスでレシピ集を作る活動にまで発展させれば，文化祭などで展示したり，学年で読み合ったりすることができる．

〈安部肇子〉

生徒作品例

The More We Get Together

料理

マシュマロを使ったクッキー　　フィンランドのグラタン

課題シート A

The More We Get Together

Prepare: glue
　　　　　a pair of scissors
　　　　　colored pens or pencils
　　　　　colored paper

How to make it:
1. Choose a country in which you are interested.
2. Prepare a piece of colored paper and draw a model of the people who live there.
3. Find a book which shows their national costume.
4. Make the costume on your paper doll. You can use stickers, spangles, lace-paper and anything you want.
5. After you complete the doll, write the name of the country / area, male / female, and your name.
6. Cut out the doll. Be careful not to cut the tag on the head.
7. Make a loop over the head and put a string through the loop.
8. Collect other dolls and do it again.
9. You can enjoy an international banner if you paste each doll's hands, together.

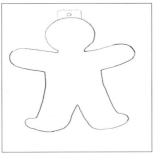

Figure

Words
glue：のり
spangles：スパンコール
complete：完成する
tag：タグ
loop：輪
string：ひも
paste：糊付けする

1 世界へのパスポート——手順を読んで作品を完成させよう！　175

課題シート B

Let's Make Marshmallow Rice Crispie Treats

Prepare: crispy rice cereal or corn flakes (without sugar)

marshmallows (8-10 pieces)

butter

a wooden spoon & a bowl (non-metallic)

How to make them:

1. Put about 1 tablespoon of butter in a bowl.
2. Put 8 to 10 marshmallows in the bowl.
3. Put the bowl in the microwave.
4. Set the microwave for about 2 minutes 30 seconds.
5. Push START.
6. Rub butter on the wooden spoon.
7. Watch the marshmallows! When they get fluffy, take them out!
8. Stir the marshmallows and mixture with the wooden spoon.
9. Add about 1 cup of crispy rice cereal.
10. Stir quickly before the marshmallow mixture cools!
11. Spoon out one spoonful of marshmallow mixture and put it on the wax-paper.
12. Repeat #11.
13. Take a photo of your marshmallow rice crispie treats.
14. Enjoy your treats.

Words

tablespoon：大さじ　　　microwave：電子レンジ　　bowl：ボウル

metallic 金属の（レンジを使うので，ガラス製か陶器のどんぶりなどが望ましい）

rub：こする　　　　　　stir：かき混ぜる　　　　　add：加える

mixture：混ざったもの　　fluffy：ふわふわの

課題シート C

Our Town

This is my town.
Our school has a flag on the top.
The flag is blue and it has a pink star on it.
The color of our school building is green and its roof is yellow.
We have ten windows, and one round window on the roof.
Ken's house is very close to the school.
It has one big round window.
A purple cat always stays there.
The house is orange and its roof is red.
There is a pond between the house and our school.
There is a bakery next to our school.
The color of the bakery is white.
There is a red bike in front of the bakery.
There is a clock tower next to the bakery.
There are two brown buildings in this town.

Read the sentences above and complete the town map.

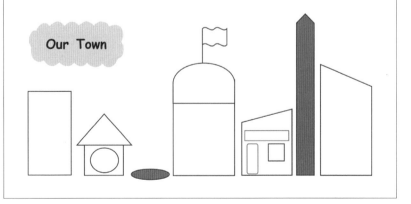

2 ワイガヤ in class
──主体的な読みを促す Pre-reading 活動　　〈高校生向け〉

課題の概要と狙い

　ここで紹介するのは，reading≒thinking という視座に立った活動である．一般に教科書では，英文を正しく読めたかどうかを確認するには，英文を読ませたあとで，Q&A や T / F 等を行うことが多い．

　本活動は，英文を読む前に，その内容に関する 5 ～ 6 つの英文を与え，与えられた英文からクラス全体あるいはグループ内で，これから読む英文の内容を推測したり，疑問に思うことなどを書き出していくというものである．グループでワイワイガヤガヤしながら行うため，この活動を「ワイガヤ」と呼ぶことにする．

　本活動は，日本語で行ってもよいが，できるだけ英語で行っていきたい．近年際立って即時的英語使用，つまり意見や感情を即座に英語で表現することが求められるようになった．英語での「ワイガヤ」は，パターン・プラクティス等では生じにくい「尋ねたい気持ち」「伝えたい気持ち」を英語使用につなげる絶好の練習の場となる．同時にコミュニケーションの成立に必要な種々の学習方略を紹介するよい機会に当たることも狙いとしている．

教材・用具等

- ・リーディング教材：ここでは一例として，Martin Luther King, Jr. について書かれた英文の一部と Exercise の一部を用いる．（p. 183 参照）
- ・生徒に提示する英文：リーディング教材から，その内容に関する 5 ～ 6

つの英文を準備する（手順 (1) 参照）.

手　順

<u>Activity</u>　板書した英文について，思ったことを述べ合う

（**1**）　生徒に提示する英文を事前に用意する．英文の構造上の特徴から「1 つのパラグラフにつき 1 文」を抜き出すつもりで行うのが一般的だが，本文 の後に Q&A や T / F が付いている場合にはその中から選択してもよい．以 下はその一例である．

〈例〉　1.　Black people lived in poor conditions.

　　　　2.　<u>The man</u> worked for the church.

　　　　3.　He became a leader.

　　　　4.　He made a lot of speeches.

　　　　5.　He won the Nobel Peace Prize.

　　　　6.　He was killed.

（**2**）　リーディング教材を読む前に，用意した英文を板書等で生徒に提示 する．

（**3**）　提示した英文から生徒が推測したことや疑問を英語で追記していく．

〈板書例〉

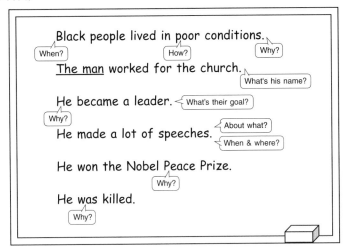

(4) 英語でのワイガヤ活動を行い，これから読む英文の内容について，どのような内容なのかの予備的情報を与える．

〈英語でのワイガヤ例〉

T: Look at the blackboard.
S1: The man is … underline?
T: Yes. The man is underlined. Why?（適切な英文にして言い返す）
S2: 主役？
T: OK. The man takes an important part in this story. Do you know him?
S3: Black?
T: Ah-ha. He is …（文で言うよう促す）
S3: He is black.
S4: He is famous, isn't he?
S2: Obama 大統領？
T: Please say it in English.
S2: …..

T: President Obama. A president is the leader of a country. (言いかえて説明する)

S2: I see.

T: But I'm sorry he is not the man.

S2: ヒント，ヒント．

S4: 英語で言わなきゃ．Please give us some hints.

T: OK. The man is also a black American. Both President Obama and the man made wonderful speeches.

S1: And …?

T: The title of his most famous speech was "I have a dream."

S1: King …? (in a small voice)

T: Could you say that again?

S1: Is he King?

S2: 王様？

S4: No. His name is King.

T: Yes. His family name is King. So, do you know his name in full? Any volunteers?

S5: Martin Luther King.

T: Almost! His name is Martin Luther King, Jr. Repeat after me, please. Martin Luther King, Jr.

Ss: Martin Luther King, Jr.

このように，やり取りの中で学習方略を紹介しながら，対話が継続する楽しさを味わう．

（5） リーディング教材の予備的情報が入ったところで，教材の英文を読んでいく．

指導上のポイント

（1） 英語でのワイガヤは，まさに真の英語コミュニケーション活動（英語での意味のあるやり取りが展開する活動）であるが，難しいと感じる生徒

2 ワイガヤ in class──主体的な読みを促す Pre-reading 活動 　181

も少なくないだろう．そこで，何よりワイガヤの楽しさを味わえるよう，は
じめのうちは日本語で行ってもよい．

〈日本語でのワイガヤ例〉
　教師： 　この the man って誰でしょう？
　生徒1： 　黒人の人でしょ．
　生徒2： 　有名な人？
　生徒1： 　マイケル・ジャクソン？
　生徒3： 　私，知っています．キング牧師でしょ．
　教師： 　そう，フルネームを言える？
　生徒2： 　なんとか・キングでしょ．
　生徒4： 　Martin Luther King でしょ．
　教師： 　ほぼ正解．正確には Martin Luther King, Jr.
　生徒たち： 　へ〜．Jr. までつけないといけないのか…
　教師： 　そうです．ちなみに Martin Luther だけだと宗教改革で有名な
　　　　　　マルチン・ルターと混同されますよ．
　生徒たち： 　へ〜（ワイワイガヤガヤ）

（**2**）　ワイガヤは，生徒と教師または生徒同士のやり取りを通して，英文
の内容についての推測や発問を促すことによって，興味関心を高めることが
主な目的である．したがって，生徒が発言しやすいように問い掛け方を工夫
したり，「あ〜，確かに！」「〜かもしれないね」などと合いの手を挟みなが
ら，生徒の疑問や発想を受け止め，尊重したいものである．

（**3**）　耳で聞いた英語を理解し，それに対して思いついたことや疑問に
思ったことを即座に英語にするという一連の働きは，良好な関係性，興味関
心，適当な難易度などの良好な条件と雰囲気のもとで経験を重ねることで身
についていくものである．

（**4**）　この活動は，他の教科での学びや生徒のもつ一般的知識が活かされ
るので，英語に対して苦手意識のある生徒が活躍することもある．知的好奇
心が膨らんでいくので，話題が英文では扱っていない部分に及ぶこともしば
しばである．生徒の伝えたい気持ち，知りたい気持ちを大切にし，ワイガヤ

を展開させていきたい.

教材の応用例

（1） グループ 　教師の問い掛けに生徒が答えていくのに慣れてきたら，生徒同士のグループ活動として行うとよい．前述の板書例の内容をプリントとして生徒に配付し，数分与えて，5W1H（when, where, who, what, why, how）や yes / no question を書き込ませる．その後に 4〜5 人のグループでワイガヤを行わせる．さらに，時間があれば，1 つか 2 つのグループに，グループ内のワイガヤの様子をクラス全体の前で再現してもらい，共有したり，ワイガヤを続けさせてもよい.

（2） 読解教材だけでなく，リスニングや映像教材でも活用することができる.

参考文献

〈http://www.enchantedlearning.com/history/us/MLK/〉

〈http://kids.nationalgeographic.com/explore/history/martin-luther-king-jr/〉

　　（2015 年 3 月 20 日）

（永倉由里）

2 ワイガヤ in class──主体的な読みを促す Pre-reading 活動　　183

リーディング教材（例）

Martin Luther King, Jr.

Martin Luther King, Jr. was born in Atlanta, Georgia, in 1929. More than sixty years had passed since Lincoln set the slaves free, but black people were still very unhappy, especially in the South. They couldn't enter some theaters or restaurants. They couldn't sit by white people on buses. Their income was very low. And they were often fired from their jobs for no good reason.

In Montgomery, Alabama, in 1954, black people had the poorest social conditions. As in most Southern cities, black passengers had to take seats at the back of the bus. The first four seats were reserved only for the use of whites. Also, when the bus was full, the driver could order blacks to give their seats to whites.

Martin Luther King, Jr. came to the Baptist Church in this city in 1954. Every day, he did his work of marrying, burying, and visiting the sick.

In December, 1955, the police arrested Rosa Parks. She broke the city's segregation laws. She would not give her seat to a white passenger on the bus. Rosa Parks' arrest united all the blacks in the city.

They decided to join in a one-day bus boycott. That morning, blacks walked and rode horses. It was an almost complete boycott. …

Exercise

Q1. What social conditions did blacks have in Montgomery in 1954?

Q2. Where did the blacks take seats on a bus?

Q3. When did King come to Montgomery?

Q4. What did blacks decide to do after Rosa Parks' arrest?

Q5. How did they join in the bus boycott?

・・・

3 和訳を利用したスラッシュ・リーディング
──対訳形式の応用 〈高校生向け〉

課題の概要と狙い

　英語の不得意な生徒にとって和訳は内容理解に欠かせないものだが，現在の英語の授業において和訳は悪とされ，ますます避けられている．一方で内容理解は「和訳先渡し」によって行い，アウトプット活動に時間を割く方法も見られる．これから紹介する方法は和訳の作業と「和訳先渡し」の折衷的な活動であり，日本語訳をスラッシュごとに区切ってランダムに並べかえたものを与え，同じくスラッシュごとに区切った英文に対応するものを探させるというものである．

　和訳の先渡しをするのには抵抗があるが，伝統的な文法訳読法を行わずに短時間で内容を確認させたい場合に使える指導法である．この方法で内容確認の時間を節約した分，アウトプット活動に時間を使うことができるようになる．

教材・用具等

・リーディング教材から以下の①～③のプリントを準備する．(p. 188 参照)

　　プリント①：意味のあるまとまりごとにスラッシュを入れた英文

　　プリント②：プリント①の英文に対応する日本語訳をランダムに並べかえたもの

　　プリント③：プリント②の日本語訳にいくつか空所を設けてあるもの

手　順

Activity 1　英文に相当する日本語訳を探す

（**1**）　プリント①を配付して英文を提示する．ここでは教科書（*All Aboard! Communication English III*，東京書籍）の英文を例とした．

（**2**）　プリント②を配付し，プリント①の英文の各箇所に相当する日本語を探させる．

Activity 2　英文を読みながら，日本語訳を完成する

（**1**）　プリント①の英文を読む．

（**2**）　空所の設けてあるプリント③を配付し，空所を補わせる．

（**3**）　空所を補ったあとで，もう1度，プリント①の英文の各箇所に相当する日本語を探させる．繰り返しの作業によってより理解が深まる．

Activity 3　リーディングとリスニングの練習

（**1**）　ペアワーク　リーディングとリスニングの練習として，スラッシュを入れた英文（プリント①）を用いてペアワークを行う．1人が読み手で，もう1人は聞き手であるが，聞き手は英文を見ないでリスニングの練習とする．

（**2**）　ペアワーク　隣同士，前後左右など，何度かペアをかえ，繰り返し練習する．最終的には自然な流れで音読できるように指導したい．

指導上のポイント

（**1**）　Activity 1 では，一見長い英文も，意味のあるまとまりからできていることを体感させたい．さらに，日本語訳の助けによって英文の意味をより捉えやすくして，生徒には，英文を自分で読み，理解したという達成感をある程度味わえるようにさせたい．

（**2**）　Activity 2 ではさらに重要語の文中における意味確認にも役立てたい．

解答例

・プリント③の空所を補ったもの

> 民衆エジプト語で書かれたものがあり / （発見）されました / 3種類の
> （古代）に書かれたものが / あなたはこの石を見たことがあります
> か / 最下部には / 真ん中には / 最も人気のある（展示品）の1つで
> す / それは非常に（特別）なものです / それは（ロゼッタ・ストーン）
> と呼ばれていて / ロゼッタという村で / その上に / その石の（表面）
> にはあります / どうしてそれはそんなに（特別）なのでしょうか / 最
> 上部には / （大英）博物館に / ロンドンにある, / エジプト語の（ヒエ
> ログリフ）があります / その石は（展示）されていて / 今では, / エジ
> プトの / そして古代（ギリシャ）語で書かれたものがあります / 1799
> 年に / そこで / そしてそれは /

・プリント①の英文に対応する日本語訳

> あなたはこの石を見たことがありますか. //
> それは非常に特別なものです. //
> それはロゼッタ・ストーンと呼ばれていて, / 1799年に / 発見されま
> した / ロゼッタという村で / エジプトの. //
> 今では, / その石は展示されていて / 大英博物館に / ロンドンにあ
> る, / そしてそれは / 最も人気のある展示品の1つです / そこで. //
> どうしてそれはそんなに特別なのでしょうか. //
> その石の表面にはあります / 3種類の古代に書かれたものが / その上
> に. //
> エジプト語のヒエログリフがあります / 最上部には. //
> 真ん中には / 民衆エジプト語で書かれたものがあり, / そして古代ギ
> リシャ語で書かれたものがあります / 最下部には. //

3 和訳を利用したスラッシュ・リーディング──対訳形式の応用　187

教材の応用例

（**1**）　生徒の習熟度に応じて，負荷を小さくする場合，Activity 2 におい
て，以下のように空所の選択肢を与える．

〈選択肢〉ギリシャ / ヒエログリフ / ロゼッタ・ストーン / 古代 /

　　大英 / 展示品 / 特別 / 特別 / 展示 / 発見 / 表面 /

（**2**）　逆に負荷を大きくする場合は，Activity 1 において，スラッシュで
区切る作業を生徒自身にさせる．その際，特に以下の点を意識して区切らせ
る（p. 190 Activity 1（1）も参照）．

・従属接続詞（when, if, because など）の前
・長い主語の後
・前置詞句，不定詞句，関係詞節の前後
　　※前置詞句，不定詞句，関係詞節は名詞を後置修飾することがある．
　　「後置修飾」の感覚は英語において重要であり，ぜひ慣れさせたい．

（**3**）　教師が日本語の語句を言い，それに対する英語を言わせる活動を通
して，英文のインプットを図る．

参考文献

All Aboard! Communication English III，東京書籍，Lesson 5 "A Door to
　　the Past".

（溝下　肇）

第4章　読解力をつける活動

プリント①

Have you ever seen this stone? // It is very special. // It is called the Rosetta Stone, / and in 1799, / it was discovered / in the village of Rosetta / in Egypt. // Now, / the stone is on display / at the British Museum / in London, / and it is / one of the most popular exhibits / there. // Why is it so special? //

The stone's surface has / three kinds of ancient writing / on it. // There are Egyptian hieroglyphs / at the top. // In the middle, / there is demotic Egyptian writing, / and ancient Greek writing is / at the bottom. //

プリント②

民衆エジプト語で書かれたものがあり / 発見されました / 3 種類の古代に書かれたものが / あなたはこの石を見たことがありますか / 最下部には / 真ん中には / 最も人気のある展示品の 1 つです / それは非常に特別なものです / それはロゼッタ・ストーンと呼ばれていて / ロゼッタという村で / その上に / その石の表面にはあります / どうしてそれはそんなに特別なのでしょうか / 最上部には / 大英博物館に / ロンドンにある, / エジプト語のヒエログリフがあります / その石は展示されていて / 今では, / エジプトの / そして古代ギリシャ語で書かれたものがあります / 1799 年に / そこで / そしてそれは /

プリント③

民衆エジプト語で書かれたものがあり / （　　　　） されました / 3 種類の（　　　　） に書かれたものが / あなたはこの石を見たことがありますか / 最下部には / 真ん中には / 最も人気のある （　　　　） の 1 つです / それは非常に （　　　　） なものです / それは （　　　　） と呼ばれていて / ロゼッタという村で / その上に / その石の （　　　　） にはあります / どうしてそれはそんなに （　　　　） なのでしょうか / 最上部には / （　　　　） 博物館に / ロンドンにある, / エジプト語の （　　　　） があります / その石は （　　　　） されていて / 今では, / エジプトの / そして古代 （　　　　） 語で書かれたものがあります / 1799 年に / そこで / そしてそれは /

4 スラッシュ・リーディングによる音読指導
——音読からリテリングへ 〈高校生向け〉

課題の概要と狙い

　音読は有効な活動であるが，中学時代に盛んであった音読が高校に入ると
うまくいかなくなる理由の１つに，文章の複雑さが増すことが考えられる．
そこで，本課題では教科書の英文を句や節をたよりに，文の切れ目に注意し
ながら音読の練習を行う．読みながら文の切れ目にスラッシュを入れ，その
文の切れ目のところで意味を考えさせ，最後は，読んだ英文の概要を英語で
述べさせる．音読活動では文章が平易なうちから「文の切れ目」に留意させ，
練習頻度を上げるためにペアワークを行うこととする．

　スラッシュ・リーディングを取り入れることによって，英文を「前から読
む」という習慣をつけさせて，書かれている順に内容を理解していく力を養
うことを狙いとする．また，英文を句や節といったまとまりで理解すること
もめざす．

教材・用具等

・リーディング教材：教科書から１つのセクション分の英文（ここでは，
　CROWN English Communication II（三省堂）の Lesson 1 §1 からの
　例を示す）（p. 195 参照）
・ワークシート "Slash Reading"（p. 195 参照）
・教科書準拠 CD

189

手　順

Activity 1　文の区切りを確認する

（**1**）　音読活動の前に，文の正しい区切り方を確認させる．区切り方は以下の順．（目安 1 分）

①コンマ　②接続詞の前　③関係詞の前　④前置詞の前　⑤準動詞の前　⑥長い主語の後

（**2**）　教科書準拠 CD などで音声を確認させる．

Activity 2　文の切れ目に注意しながら音読する

（**1**）　Activity 1 で確認した文の切れ目に注意しながら音読する．（目安 1 ～ 2 分）

（**2**）　スラッシュ・リーディングで（1）の切れ目を確認する．ただし授業計画によっては省いてもよい．

（**3**）　ペアワーク　ペアを組ませて相互に音読させる．セクション全部では冗長になるため，読ませ方は以下から適宜指示する．

①　1 文ずつ相互に読む．
②　パラグラフごとに行う．（3 分）

（**4**）　ペアワーク　ペアで，スラッシュごとの日本語を確認する．

Activity 3　キーワードをヒントに英文を再生

（**1**）　Activity 2 までの内容理解度を確かめるため，本文の復元（reproduction）を行う．発話に使用する語として，英文のキーワード，キーフレーズとなる語を提示しておき，それをヒントにこれから発話する内容を各自で考えさせる．（目安 5 分）

（**2**）　ペアワーク　ペアを組ませて相互に英文を再生（リテリング）させる．（3 ～ 4 分）

（**3**）　ペアワーク　同じ活動を別のペアを組ませて行わせる．（3 ～ 4 分）

4 スラッシュ・リーディングによる音読指導——音読からリテリングへ　　191

Activity 4　本文の要約をする

（**1**）　復元活動として，本文の要約を行う．（15 分）

（**2**）　 プレゼン 　要約文をクラスで発表させる．その後，課題として提出させてもよい．

指導上のポイント

（**1**）　Activity 1 では，先に述べた①コンマ，②接続詞の前，③関係詞の前，④前置詞の前，⑤準動詞の前，⑥長い主語の後に注意しながら，また意味のかたまりを考えながら，スラッシュを入れさせるが，最初の 2〜3 の文は教師が示してやるのもよい．この①から⑥は 1 つの基準であり，意味のまとまりとなっていればこだわらないようにしたい．生徒の理解が「語→句→文→文章」とレベルを上げていくように導くのが大切であり，「正しく区切る」ことはその手始めである．

（**2**）　生徒の習熟度によっては，意味のまとまりとなっているかを，日本語で訳させてみるのもよい（前項 3，p. 184 を参照）．

（**3**）　Activity 2 の音読活動では下の例のように，左に意味のまとまりごとに行をかえた英語，右に対応する日本語を書いたシートを配る例が多い．これについては生徒の習熟度に応じた判断が必要だが，生徒自身がいずれは初見の文章を読めるようになることを重要視して判断したい．

Village life in Africa	アフリカで村に暮らすことは
can be very hard.	極めて大変な事もある．
There is often no electricity	電気がないこともよくある
or running water.	それに水道も（ないことがよくある．）
There are not enough schools.	学校も足りてはいない．

（**4**）　リテリングの際のキーワードは，新出語句・重要語句・固有名詞などが基本だが，活動に慣れていないうちは動詞などを加えることによって文章を作りやすくするのもよい．

192   第4章　読解力をつける活動

（5）　ペアワークは相手をかえることによって2度目には話しやすくなる
ことが期待される．例えば1回目は隣，2回目は前後，と教室内の移動もな
く済ませられる．可能であれば本文要約までは記憶と感触が新鮮なうち，一
息に活動させたい．

（6）　プレゼンテーション活動は授業内で行うことが困難な場合も想定さ
れるので，出来上がった要約文を期限を決めて提出させるのもよい．

解答例

Activity 1

Village life in Africa / can be very hard. // There is often no electrici-
ty / or running water. // There are not enough schools. // One 14-year-old
boy / decided / he was going to change things. // And / he was going to
do it / all / by himself.

William Kamkwamba / grew up / in a village / of 60 families / in Ma-
lawi. // When he was 13, / there was a terrible drought. // He remembers
his family / eating only one meal a day. // He had to drop / out of school /
because his family could not pay the tuition.

William spent his days / in the village library. // He could hardly read
English, / but he studied pictures / in the books. // He saw a photo / of a
windmill / making electricity / and thought, / "If they can make electrici-
ty / out of wind, / I can try too."

It is hard / to believe / that a boy / from such a poor village / developed
an interest / in technology. // But that is just / what William did. // In
2002, / when he was 14, / he built a windmill / out of broken parts / from
bicycles / and cars / and wood / from the village trees. // The whole
thing / looked / like junk.

Activity 3　（下線は提示しておいたキーワード）

William Kamkwamba is 14 years old.　He grew up in a village in
Malawi.　He had to drop out of school because he was poor and could

not pay the <u>tuition</u>. So, he studied <u>by himself</u> in the village library. He was interested in <u>technology</u> and saw a photo of a <u>windmill</u> there and decided to make electricity out of wind. In 2002, he built a windmill from parts like <u>junk</u>. (71 語)

Activity 4 （下線は提示しておいたキーワード）

It is sometimes hard to live without <u>electricity</u> or <u>running water</u> in villages in Africa. Schools are not enough. <u>William Kamkwamba</u> grew up in a village in <u>Malawi</u>. He remembers that his family ate only one meal a day because of a <u>drought</u>. He studied <u>by himself</u> in the library because he was too poor to pay the <u>tuition</u>. When he saw a photo of a <u>windmill</u> in a book, he decided to make electricity out of wind. He got a great interest in <u>technology</u>. When he was 14, he built a windmill out of <u>junk</u> parts and wood from the village trees. (103 語)

教材の応用例

　教科書準拠 CD は，①授業向けの「通常スピード」のもの，②生徒にはとても早く感じられる「ナチュラル・スピード」のもの，③かたまりごとに間を置いたもの，の3種類が入っているのが通例であり，これを利用して，前から後ろへ英文が書かれている順に内容を理解する訓練を行う．以下の手順で行い，リスニングの練習にもなる．

　（1）　教科書は閉じたまま，CD 音声を流す．例えば1回目は上記①を使って通し聴きをし，2回目は③を使って音声の切れ目の間にリピート（シャドーイング）する．クラスのレベルが高い場合は，はじめに②を流してから，①を聴かせることで集中力をひきだすのもよい．

　（2）　次に，教科書を開いて音読させ，速く読むことよりも意味のかたまりを意識して読ませる．スラッシュを入れながら読むのもよい．

　（3）ここで本節の Activity 2 を行う．おおよその文意がつかめ，ペアワークの精度もあがる．

〈スラッシュ・リーディングの短所〉

　難度のあがった英文（下の例文 a. b. 参照）では，スラッシュを入れるだけでは理解が不十分になるおそれがある．もともとスラッシュ・リーディングは，主節と従属節，準動詞といった，文構造の上下位や入れ子構造に意識が及びにくいという弊害がある．短文（集）を用いて，生徒が文構造や文法項目にも目を配れるように指導することで，正確な読み方を身につけさせたい．

a. The man who I first thought was the criminal turned out to be a detective.

b. It is not until you lose your health that you realize its value.

参考文献

CROWN English Communication II, 三省堂, Lesson 1 "A Boy and His Windmill".

飯田康夫『英作文基本 300 選』駿台文庫，2010.

(稲垣浩二)

Slash Reading

Activity 1: Before you read aloud, put slashes (/) in the sentences below.

[Section 1]

Village life in Africa can be very hard. There is often no electricity or running water. There are not enough schools. One 14-year-old boy decided he was going to change things. And he was going to do it all by himself.

William Kamkwamba grew up in a village of 60 families in Malawi. When he was 13, there was a terrible drought. He remembers his family eating only one meal a day. He had to drop out of school because his family could not pay the tuition.

William spent his days in the village library. He could hardly read English, but he studied pictures in the books. He saw a photo of a windmill making electricity and thought, "If they can make electricity out of wind, I can try too."

It is hard to believe that a boy from such a poor village developed an interest in technology. But that is just what William did. In 2002, when he was 14, he built a windmill out of broken parts from bicycles and cars and wood from the village trees. The whole thing looked like junk.

Activity 2: Read clearly.

Activity 3: Retell the story of Section 1 to your partner, using the keywords below.

Keywords　electricity / running water / (all) by himself /
William Kamkwamba / Malawi / drought / drop out of /
tuition / windmill / technology / junk /

Activity 4: Write the summary of Section 1 in more than 100 words.

5 主体的な読みを促す設問作り
──コミュニケーション活動につなげるリーディング授業 〈高校生向け〉

課題の概要と狙い

　英文の内容理解度を確認したい場合，教師が英語で内容についての質問をし，それに生徒が英語で答えるという方法が一般的である．この質問を生徒に作成させれば，生徒の深い読みを促すことになる．

　本課題は，生徒が教科書の本文から質問を作り，それをほかの生徒に投げかけることによって，読んだ内容についての理解度を確認することを第1の狙いとするが，自由な発想（think outside the box）で答えられるような質問を作らせ，真のコミュニケーション活動へつなげていくことも狙いとする．

　まず，本文の内容を理解するために与えられた表を完成し，それを踏まえて答えが教科書の本文に書いてある質問（a text-dependent question）を作り，ペアで英問英答を行う．次に，答えが本文には書かれていない質問（a thought-provoking question）でペアでの対話を行い，自らの考えや体験を述べていく．答えは生徒それぞれの頭の中にあり，それを引き出すことでコミュニケーション活動を重視したリーディング授業となる．

教材・用具等

- リーディング教材：本活動では教科書（*Revised Edition SUNSHINE English Course II*, 開隆堂）から1つのセクション分の英文（p. 202 参照）を題材とする．
- ワークシート（p. 202 参照）

手　順

Activity 1　リーディング教材を読み，必要な情報を得る

（1）　教師はワークシートを配り，生徒が教材の本文を読み始める前に，ワークシート中の表を板書する．

（2）　生徒は表の空欄を埋めるために，本文を読みながら必要な情報を得る．

（3）　教師は表の正解を簡単な英語で説明し，黒板の表に記入し，本文の内容を確認する（p. 200 解答例を参照）．このあとのコミュニケーション活動に時間を使うため，この活動にあまり時間をかけないようにしたい．生徒はここで正解を確認する．

〈教師の説明例〉

T:　This passage is mainly about colors and their effects. Let's check our understanding. About the color green; its image is a natural forest. Its effects are to make you comfortable, relaxed ….

Activity 2　答えが本文に書いてある質問を作り練習する

（1）　内容を確認し終えたら，生徒に本文の内容に関する質問を 2 〜 3 問作らせ，それをノートに書かせる．いきなり本文を読んで，質問を考えるように指示しても上手くいかないが，一度，本文の内容を確認しているのでスムーズに進むことが多い．ここでは，教科書の本文に答えがある質問（a text-dependent question）を作成させればよい．

（2）　ペアワーク　生徒はペアを作り，隣の生徒に自分の作った質問をする．自分の質問に対して，相手がどのように反応するかを見ることで，自分の質問の善し悪しや難易度なども把握できる．

（3）　ペアワーク　いくつかのペアを指名して，質問と応答を行う．

Activity 3　自ら答えを考え出す質問を作り練習する

（1）　教師は，本文の内容を踏まえながら，答えは本文に関係なく，生徒それぞれの考えによって答えの異なる質問（a thought-provoking question）を生徒全体に投げかける．ここでは本文中の下線部 "healing mental fatigue"

に焦点を当て，以下のように質問をする．

〈教師の質問例〉

 T: Stress is closely related to fatigue. I know everybody has stress.
   What is stressful for you in your daily life?

（2）　生徒は質問に対し，それぞれの考えや体験を答える．

〈生徒の応答例〉

 S1: A lot of homework.
 S2: My mother always says, "Do your homework!" That is stressful
   for me.
 S3: Hard training of my baseball team.
 S4: This class!

（3）　教師は，「自分の質問が本文に関係するが，本文には答えが書かれ
ていないこと」「答えが生徒それぞれの考えによって異なっていたこと」を
生徒に確認させる．生徒にそのような質問を作るように伝える．

（4）　生徒は本文を読みながら，a thought-provoking question を考え，
ノートに書く．

（5）　ペアワーク　生徒にペアを組ませ，ノートに書いた質問とその応答
を互いに行わせる．

（6）　ペアでの話し合いのあとに，板書をするなどして生徒の対話例を紹
介する．ここでは他の生徒がどのようなストレスを感じ，それをどのように
解決しているかを共有する．

〈対話例〉

 S1: What is stressful for you in your daily life?
 S2: Doing a lot of homework is very stressful in my life.
 S1: Yes, it is. I feel stressed by that.
 S2: So, how do you relieve your stress?
 S1: I often play computer games between the homework.

指導上のポイント

（1）　Activity 1 の手順（3）の段階では生徒に当てて答えさせるようなことはしないようにしたい．本文に書いてある情報を教師と生徒が英問英答で確認するのは時間もかかるし退屈な作業だからである．

（2）　ペアワークについては，ノートに書いた質問文を見ながらではなく，相手の目を見て，質問するように指導したい．答える際にも同様で，自然なコミュニケーション活動となるように配慮したい．

（3）　Activity 3 で重要なのは，質問の答えが人によって異なるということである．さらに，「自分の答えは○○だけど，他の人はどう考えているのだろう」という気持ちを抱かせることである．これは実際のコミュニケーションの場面に限りなく近づいていくはずである．

（4）　Activity 3 の（4）では，教師は生徒の書いた質問に目を通す．おもしろい質問があれば，それを取り上げ，次の（5）の活動に活用する等，クラス全体で答えを考えていってもよい．

　　・What should you do when you feel sleepy during the lesson?
　　・What color makes you feel relaxed?

などは，a thought-provoking question のよい例である．

（5）　教師も自身の体験や考えをまとめ，生徒に英語で話す．さらに，その中の話題に関連させて，生徒に意見や答えを考えさせる質問（a thought-provoking question）を行ってもよい．ここでは，自分自身のストレス解消法を紹介する．

〈紹介例 1〉

　　I also have some stress in daily life. I sometimes argue with my wife. I asked her to raise my pocket money, but she said, "No." Why? I was teaching English so hard to you during summer school, but your score didn't change a lot. Why?

　　When I have a lot of stress, I focus on my favorite activities. For example, I love singing loudly. The best way of relieving my stress is H ＿ T ＿ K ＿ ＿ A. （と示し，生徒に考えさせる．答えは H I T

O K A R A.「ヒトカラ」：一人でカラオケボックスに入ること.）

〈紹介例2〉

I play a musical instrument. When I am playing it, I can forget my
problems. What do you think my musical instrument is?

解答例

Activity 1

color	image	effect
green	natural forest	comfortable, relaxed, healing mental fatigue, compassion, sleepy
blue	the sky, the sea	the cooling power
orange		mental nutrition

教材の日本語訳例（一部）

　気分や感情に影響を与える色を使うことは，長いこと研究されてきていま
す．緑色を思い浮かべてください．緑色は私たちに自然の森を思い出させ，
快い，リラックスした気分にさせてくれます．さらに，この色は思いやりに
関連していて，精神的疲労を癒やすのにも効果があります．もしよく眠れな
いのであれば，ベッドを若草色のシーツで覆ってみてください．大きな野原
の真ん中に横たわっているかのように感じることでしょう．そしてその色に
よって，もっともっとリラックスした気分になり，眠たくなることでしょ
う．…（以下省略）

教材の応用例

（**1**）　Activity 2 で生徒に作らせる本文を読めば答えられる質問（a text-dependent question）には，本文の1つの文を読めば答えが導き出される質問（a local question）と，本文の数カ所を読まないと答えがわからない質問（a global question）とがある．生徒の習熟度に応じて，そのことを生徒に意識させ，後者の global タイプの質問を1問は含むように作成させる．この質問に答える生徒も本文を広い範囲で目を通さないといけないので，生徒の理解度を試す良問となる．

〈a local question の例〉

① If you cannot sleep, what color of sheet do you cover the bed with?

〈a global question の例〉

② How do colors affect our feelings?

〈解答例〉

① It's grass green.

② Green makes us feel comfortable and relaxed. Blue makes us feel cool. Orange makes us feel warm and friendly.

(2) プレゼン 指導上のポイント（5）で教師が自身の体験や考えを英語で話したように，生徒にも，自分またはペアの相手の体験や考えをまとめ，英語で紹介させる．ここでは，ペアの相手のストレス解消法をまとめ，プレゼンテーションさせる例を挙げる．

〈解答例〉

My friend Kumi feels stressed by her homework. She has a lot of homework every day. She relieves her stress by playing computer games between the homework.

参考文献

Revised Edition SUNSHINE English Course II, 開隆堂, Lesson 3 "Psychological Impact on Colors".

（鈴木修平・小田寛人）

ワークシート

· Reading text

Using color to affect moods and feelings has long been studied. Think about the color green. It reminds us of natural forests, and makes us feel comfortable and relaxed. In addition, this color is associated with compassion, and is effective in healing mental fatigue. If you cannot sleep well, cover your bed with a grass green sheet. You will feel as if you were lying in the middle of a large field; the color will make you more and more relaxed and sleepy.

When summer comes, with its burning sun and large white clouds rising in the sky, the blue sea fascinates people more than in any other season. Many people find that blue is the most beautiful in summer, since this is the color of the sky and the sea. Meanwhile, on hot summer days when the temperature rises, the steamy air is best represented by reddish orange, the color of burning fire. Enveloped by that color, people subconsciously want a cool and refreshing color. Blue is a cool color, representing a calm feeling. Accordingly, we appreciate blue particularly in summer. In other words, the reason why we are fascinated by blue is that we need the cooling power of that color.

At the end of summer, our bodies require nutrition to prepare for the coming fall. Among colors, orange, somewhere between red and yellow, works as a kind of mental nutrition. Orange represents something warm and friendly, though it is not as passionate as red, or as bright as yellow.

Activity 1

color	image	effect
green		
blue		
orange		

6 トピック・センテンスと談話標識
——Paragraph Reading と Summary 〈高校生向け〉

課題の概要と狙い

　典型的な論説文においては各段落に「主題文」(topic sentence) が 1 つ含まれ、「主題文」同士の関係が「談話標識」(discourse marker) で示される。したがって、それらに注目すれば文章全体の構成や概要がつかみやすくなる。各段落は「主題文」とそれに対する「支持文」(supporting sentence) からなり、主題文は①段落の冒頭、②段落の中間、③段落の末尾のいずれかに置かれるが、英文の場合は①が多い。そしてまた、最終段落に「結論文」(concluding sentence) がくることも多い。

　本課題においては、topic sentence の発見に慣れ、discourse marker の利用を理解し、文章全体の要約につないでいく活動を行う。プリント教材を使用し、topic sentence 探しに始まり、discourse marker（ここでは、時間の流れにかかわりのある語句）を見つけて話の流れを押さえ、最終的には文章の要約まで行う。

教材・用具等
- ワークシート 1 (p. 208 参照)：主な discourse marker をまとめたものとリーディング教材例とそのタスク
- ワークシート 2 (p. 209 参照)：リーディング教材例とそのタスク

手　順

<u>Activity 1</u>　topic sentence を探し出す

　ワークシート 1 を配付し，Activity 1 で topic sentence を探させ，確認する．戸惑う生徒がいたら，次の 2 つのアプローチをするとよい．

　　アプローチ①：　topic sentence は段落の冒頭に来ることが多い．
　　アプローチ②：　topic sentence は抽象的な文である．（言い換えると，具体例を挙げているような部分を消去させるとよい.）

<u>Activity 2</u>　時間の流れにかかわりのある語句を探す

　ワークシート 1 の Activity 2 を用い，時間の流れにかかわりのある語句を探させ，確認する．絶対的な日時を示す語句はもちろん，相対的に前後関係を示す語句にも目を向けさせる．

<u>Activity 3</u>　Activity 1 と Activity 2 の応用練習

　ワークシート 2 を配付し，Activity 3 で次の練習をする．

　　①　topic sentence を探させ，確認する．
　　②　時間の流れにかかわりのある語句を探させ，確認する．

<u>Activity 4</u>　要約文を作成する

　ワークシート 2 の Activity 4 を用い，要約文を作成する．

　　①　各段落の topic sentence を探させ，確認する．
　　②　Task 1 を利用し，20 語程度で要約文を作らせる．

　このように①②の手順を踏ませ，要約文の作成ができることを体験させる．

指導上のポイント

（**1**）　Activity 1 では，topic sentence を見つける練習をする．典型的な英文では topic sentence が段落の最初に来て，supporting sentence が後続する．Activity 1 の英文はその典型であり，topic sentence だけでなく，段

6 トピック・センテンスと談話標識——Paragraph Reading と Summary 205

落の残りの部分が supporting sentence になっている点も理解させたい. そしてその性質上, supporting sentence は具体的になり, 対照的に topic sentence は抽象的なものになることにも触れておきたい. この英文の中では "Even a monkey ... tree" や "Pearls before swine" 等の double quotation mark で区切られた部分は具体例になっていることを示し, その部分を消去させると, 第1文が抽象的な文（＝topic sentence）として浮かび上がってくる.

（2）　Activity 2 では, 時間軸によって英文が展開している例で, カギを握る時間の流れを示す語句を探させる. yesterday, in 1999 等は絶対的な日時を示す語句であり, first, then, finally 等は相対的に前後関係を示す語句である.

（3）　Activity 3 では, Activity 1 と Activity 2 を踏まえ, できるだけ自力で概要をつかませる.

（4）　Activity 4 では, 各段落の topic sentence（各段落の第1文になっている）を探させ, それらをつなぐことによって要約文が作成できることを体験させる.

（5）　なお, Activity 1, Activity 2 では教師が丁寧に説明し, Activity 3, Activity 4 ではペアやグループで確認し合えるようにしたい.

解答例

Activity 1

〈訳例〉　次の文中から主題文と支持文を探しなさい.

　　まず最初に, 日本語には素晴らしい表現がある.「サルでさえも木から落ちる」はたぶん日本語を学ぶどの生徒も学ぶ最初のことです. それは最良の表現かもしれません.「猿も木から落ちる」は初心者にもよく知られた単純な単語でできています. 落ちるという考えは英語の「誰も完ぺきではない」よりも興味深いものです.「ブタの前の真珠」は英語のことわざです. しかし私は「ネコに小判をあげる」の考えが大好きです.

〈解答〉　topic sentence: 第1文

　　　　supporting sentences: 第2文以降すべての文

206 第4章 読解力をつける活動

Activity 2

〈訳例〉 1989年の第65回箱根駅伝において，ケニアの学生ジョセフ・オツオリは初の外国人走者だった．彼は2区で7人を抜き，チームの順位を前年の11位から7位に上げるのに貢献した．それから，オツオリが最終学年の1992年に，チームは箱根駅伝での初優勝を達成した．その後，他のケニアの走者が1994年と1995年に優勝に貢献した．

〈解答〉 in 1989 / Then / in his final year in 1992 / After that / in 1994 and 1995

（訳例の下線部に該当する）

Activity 3

〈訳例〉 アポロ11号は1969年7月16日に打ち上げられた．3人の宇宙飛行士はニール・アームストロングとマイケル・コリンズとバズ・オルドリンだった．月への4日間の旅の後，彼らは月の軌道に入った．次の日，月着陸船イーグルが司令船コロンビアから分離され，月へ降りて行った．コリンズはイーグルが損傷しないかを確認するためコロンビアに残っていた．アームストロングは彼らが岩だらけの月面に向かっていると気づいたとき，燃料は少なくなりつつあった．もしイーグルが転覆したら，彼とオルドリンは死んでしまったことだろう．管制塔は緊張した．そのとき「ヒューストン，こちら静かの海基地．イーグルは着陸した．」多分10億人が見聞きする中，アームストロングは月面に降り，今も有名な言葉を言った．「これは一人の人間にとっては小さな一歩だが，人類にとっては偉大な飛躍である．」このようにアメリカ合衆国の宇宙飛行士が初めて月に降り立ったのだ．

〈解答例〉 Task 1: So US astronauts were first on the Moon.

Task 2: on 16 July, 1969 / After a four-day trip to the Moon / The next day / when Armstrong realized they were heading for some ground full of rocks / Then / While perhaps a billion people watched and listened

（該当箇所は訳例中の下線部）

6 トピック・センテンスと談話標識——Paragraph Reading と Summary　207

Activity 4

〈訳例〉　楽しむためだけに嘘をつく人もいます．ときにみなさんはユーモ
アのためだけに嘘をつくかもしれません．これらの嘘は冗談やほら話や
一杯食わせるといった形になり得ます．

　例えば，冗談では，話は愉快な終わりになるかもしれません．ほら話
はそれよりもさらに理解しにくいかもしれません．それは普通，釣り竿
を丸ごと飲み込んでしまうくらい大きな魚を捕まえたといった，長くて
入り組んだ話を含んでいます．

　お金もよくある別の（嘘をつく）理由です．小銭をくすねるために小
さな嘘をついてもよいと考えている人々や，真実を話さないことによっ
て生計を立てている泥棒たちの間でそのように考えられています．

〈解答例〉　Task 1（第 1 段落）：Some people lie simply for the sake of
　　　　　　　　　　　fun.

　　　　　（第 3 段落）：Money is another common reason.

　　　　　第 2 段落は第 1 段落の supporting sentences で構成されてい
　　　　　るため，topic sentence はないと考えられる．

　　　　　Task 2: Some people lie simply for the sake of fun, and
　　　　　　　　　money is another common reason.

　　　　　（別解）Some people lie simply for fun and some lie for the
　　　　　　　　　sake of money.

Task 1 で見つけた topic sentences をつなげばよいことに気づかせる．

教材の応用例

　さまざまな英文を活用して，同様の活動をすることができる．特に上記の
活動では触れなかった順序を示す語句（first, secondly, finally 等）を含む文
はぜひ練習させたい．

参考文献

NEW HEROS English Communication I，開拓社，Lesson 4 及び Reading Skill.

（溝下　肇）

ワークシート1

Discourse Marker

（あ）　時間の順序：first, secondly, then, next, lastly, finally, after～, before～, since then, など

（い）　因果関係, 結果：because, because of, for, so, therefore, as a result, など

（う）　比較, 対比：but, though, while, on the other hand, to the contrary, など

（え）　例示, 列挙：for example, for instance, such as, first, second, third, last, next, also, など

（お）　出典を表す語句：according to～, など

（か）　付加情報を表す語句：furthermore, in addition, besides, など

（き）　要約を表す語句：to sum up, to conclude, in short, in conclusion, など

（く）　同列を表す語句：in other words, that is to say, など

Activity 1

Task : Find the topic sentence and the supporting sentences from the next sentences.

First of all, Japanese has some wonderful expressions. "Even a monkey falls from a tree" is perhaps the first that any student of Japanese learns. It may also be the best. "Saru mo ki kara ochiru" is made up of some simple words well known even to a beginner. The idea of falling is more interesting than the English "nobody's perfect." "Pearls before swine" is an English saying, but I love the idea of "giving coins to a cat."

Activity 2

Task : Find the word or phrases related with time order.

In the 65th Hakone Ekiden in 1989, Joseph Otwori, a Kenyan student, was the first foreign runner. He passed seven runners in the second leg, helping to raise his team's finishing position from 11th the previous year to 7th. Then, when Otwori was in his final year in 1992, the team achieved its first ever victory in the Hakone Ekiden. After that, other Kenyan runners helped it to the top in 1994 and 1995.

6 トピック・センテンスと談話標識——Paragraph Reading と Summary   209

ワークシート 2

Activity 3

Task 1: Find the topic sentence.

Task 2: Find the word or phrases related with time order.

Apollo 11 was launched on 16 July, 1969. The three astronauts were Neil Armstrong, Michel Collins and Buzz Aldrin. After a four-day trip to the Moon, they entered the Moon's orbit. The next day, the landing craft *Eagle* was detached from the command craft *Columbia*, and it went down to the Moon. Collins stayed in *Columbia* to make sure that *Eagle* was not damaged. Fuel was getting low when Armstrong realized they were heading for some ground full of rocks. If *Eagle* had turned over, he and Aldrin would have been killed. Mission Control was tense. Then: "Houston, Tranquility Base here. The *Eagle* has landed." While perhaps a billion people watched and listened, Armstrong stepped onto the Moon and said the now famous words: That's one small step for a man, one giant leap for mankind." So US astronauts were first on the Moon.

Activity 4

Task 1: Find the topic sentences.

Task 2: Using these topic sentences, make a summary of about twenty words.

Some people lie simply for the sake of fun. Sometimes you might lie simply for humor's sake. These lies can be in the form of jokes, tall stories or hoaxes.

A joke might give a story a funny ending, for example. A tall story might be more difficult to understand, usually having a long involved story, like catching such a big fish that it ate the entire fishing rod.

Money is another common reason. This is common among thieves who make a living from not telling the truth, as well as among people who think a little money might be worth a little lie.

7 ガリヴァーはどんな人か

──文学作品を活動的な学びの教材に用いる 〈高校生向け〉

課題の概要と狙い

ジョナサン・スウィフト（Jonathan Swift）の『ガリヴァー旅行記』（*Gulliver's Travels*, 1726 年）は児童文学でもおなじみで，教師はもちろん，多くの生徒たちも幼い頃に読んだことがあるのではないだろうか．船が嵐に遭って難破し，ガリヴァーは小人の国に流れ着く．物語ではガリヴァーの流れ着いた小人の国リリパットの国情と隣国ブレフスキュとの争いが描かれる．

本課題では『ガリヴァー旅行記』の冒頭を題材にガリヴァーの出自を読み取るものである．リーディングの授業は受け身になりがちであるが，本課題では音読を行ったり，ペアワークやグループワークを行い，生徒たちにさまざまな活動を行わせることによって能動的な学びになるように工夫した．積極的なコミュニケーション活動を通して，ガリヴァーの出自を読み取ることを狙いとする．

昨今の英語教科書では文学作品は掲載が少なくなっているが，文学作品にはそれ自体学ぶべき内容が備わっており，日ごろから教師自らが作品を読みたいところである．そして，興味がわけば，自主教材を作成して生徒にもその面白さを伝えることができればより内容の濃い英語の学習になると思われる．

教材・用具等

・ワークシート（pp. 214-216 参照）：『ガリヴァー旅行記』の冒頭の節を一部書き直した英文と Activity 1〜3

手　順

Activity 1　音読とリスニング活動

（1）　ペアワーク　生徒にペアを組ませ，ワークシートを配付する．1人がガリヴァー役となり英文を音読する．もう1人は聞き手となるが，その狙いはリスニングの練習である．

（2）　ペアワーク　役割を交代する．

Activity 2　ガリヴァーにインタビュー

ペアワーク　生徒の1人がガリヴァー役，もう1人の生徒がガリヴァーに質問する役となり，ワークシート2の空所に適切な語句を入れながら会話を行って本文の内容確認を行う．ここでは，質問する役をテレビ局からのレポーターとした．

Activity 3　ガリヴァーの講演会に参加

（1）　グループ　4～5人一組のグループを作り，1人の生徒がガリヴァー役，1人が司会者の役となる．

（2）　教師はワークシートの Activity 3 の指示をする．

（3）　生徒は指示に従い，ワークシート Activity 3 を行う．

指導上のポイント

（1）　Activity 1 では物語を読んで聞かせるような気持ちで読ませるように指導する．聞く側の生徒にはリスニングの練習であるので，ワークシートの英文を見ないで聞く練習をさせる．

（2）　Activity 2 では，ガリヴァー役はインタビューに答える気持ちで，またレポーター役は興味を持っているという気持ちを込めて質問するように指導したい．

（3）　Activity 3 は講演会の場面であるので，司会者には大勢に話しかける気持ちで発話させたい．ガリヴァー役は自分の出自を聴衆に説明する気持ちで英文を読ませる．棒読みにならないように，間を取ったり，自分が強調したいと思う箇所を強くゆっくり読むように指導したい．聞き手役の生徒に

212　　　　　第4章　読解力をつける活動

は必ず1つ2つの質問をするように指導したい.

教材の応用例

（**1**）　Activity 2 では，空所の数を減らし，より独創性の高い会話練習を行うことができる.

〈会話例〉

　　You:　Hello. I'm ＿＿＿＿ from ASIAN TV. I'm very happy to talk
　　　　　to you.

　　Gulliver:　Hello. ＿＿＿＿. ＿＿＿＿.

　　You:　First, would you tell me about ＿＿＿＿?

　　Gulliver:　＿＿＿＿. My father had ＿＿＿＿ in Nottinghamshire:
　　　　　I was ＿＿＿＿.

　　You:　I hear that you went to Emanuel College in Cambridge.

　　Gulliver:　Oh, yes. ＿＿＿＿＿＿.

　　You:　＿＿＿＿＿＿.

　　Gulliver:　Oh, it's not so strange that people went to university
　　　　　＿＿＿＿ at that time.

　　Gulliver:　I also studied at Leyden.

　　You:　At Leyden? Would you tell me where it is?

　　Gulliver:　Oh, it's in ＿＿＿＿. A lot of English people are studying
　　　　　there.

　　You:　＿＿＿＿＿＿?

　　Gulliver:　I studied medicine, because I thought ＿＿＿＿.

　　You:　I see. ＿＿＿＿＿＿.

（**2**）　本文を参考に，各自の出身地や親せきのことを盛り込んでストーリーを作らせる. 真実でなくてもよい. 以下はその例である.

〈ストーリー例〉

　　My father worked in a small company in Shimane. I had a brother,

7　ガリヴァーはどんな人か──文学作品を活動的な学びの教材に用いる　　213

who was two years older than me.　My father sent me to Shimane primary school, where I studied very hard for six years.　After that I went on to study at Shimane junior high school for three years.　My father gave a small sum of money and I spent the money on books.　I liked reading very much.　My uncle often came to my house to talk with my father.　I saw them talking very pleasantly.　I thought my father and my uncle were good bothers.

（**3**）　ほかの小説なども同じように書き出しの部分には主人公の出自が述べられていることが多いので，応用して作ることも考えられる．

（江藤秀一）

ワークシート

Read the passage and learn about Gulliver's young days.
CHAPTER I.
[The author introduces himself and family. His first reason to travel.
He is shipwrecked, and swims for his life. Gets safe on shore in the
country of Lilliput; is made a prisoner.]

My father had a small piece of land in Nottinghamshire: I was the
third of five sons. He sent me to Emanuel College in Cambridge at
fourteen years old, where I lived three years, and studied very
hard. It cost a lot of money to support myself, although I had a lit-
tle money from my father. He was not so rich. After that I worked
for Mr Bates and learned his skills for four years. Mr Bates is a fa-
mous *surgeon in London. My father now and then sent me small
sums of money, and I spent them learning **navigation, and math-
ematics. It was useful to those people who want to travel. I always
believed I would do so, some time or other. When I left Mr Bates, I
went to my father. He and my uncle gave me forty pounds, and
they made a promise to give me thirty pounds a year to support
me at Leyden in Holland. There I studied medicine two years and
seven months, because I knew it would be useful for long voyages.

*surgeon: 外科医   **navigation: 航海術

Activity 1 Pair Work: Reading the story aloud.
One of you is Gulliver. He / she reads the passage aloud. The
other listens. Then change the role.

7 ガリヴァーはどんな人か——文学作品を活動的な学びの教材に用いる　215

Activity 2: You are a person from a TV station. You will meet Mr Gulliver and ask him some questions about his young days.

You:　Hello. I'm _____ from ASIAN TV. I'm very happy to talk to you.

Gulliver:　Hello. I'm _____ . Nice to meet you.

You:　First, would you tell me about your father?

Gulliver:　Yes. My father _____ in Nottinghamshire: I was the _____ sons.

You:　I hear that you went to _____ in Cambridge.

Gulliver:　Oh, yes. It was when I was _____ old.

You:　Oh, you were young when you went to Cambridge.

Gulliver:　Oh, it's not so strange that people went to university when they were _____ that time.

You:　I didn't know that. How long did you live there?

Gulliver:　I lived there for _____ . I studied very hard, but it cost a lot there. I stopped studying and I went to _____ .

You:　What did you do there?

Gulliver:　I _____ for Mr Bates. He was a famous surgeon.

You:　Then, did you become a surgeon, too?

Gulliver:　No, I didn't. My father gave me some money so I spent it on learning navigation and _____ .

You:　Why did you study mathematics?

Gulliver:　I thought it would be _____ for travelling. I always believed I would travel some day.

You:　I know you studied at _____ in Holland. What did you study?

Gulliver:　I studied medicine, because I thought it would be _____ in long voyages.

You:　I see. And after that you made several trips to strange nations, didn't you?

Gulliver:　Yes, I did. I had a lot of great experiences.

You:　Thank you very much, Mr Gulliver.

Gulliver:　Thank you. I enjoyed talking with you.

Activity 3 Group Work. Now make a group of four or five. You are in a room, where Mr Gulliver makes a speech about his young days. One of you is Mr Gulliver, and another is the MC. The others are listeners and ask some questions after Mr Gulliver has finished his speech. Then change the roles.

MC: Good morning, ladies and gentlemen. Thank you for coming to this meeting. This morning we are going to listen to Mr Gulliver, who has just returned from a strange country. Tiny people live there and the country is called Lilliput. He will talk about his father and his young days. Mr Gulliver …

Mr Gulliver: Thank you very much, Mr …. I've just returned from a country with tiny people, so everyone of you seems to be gigantic. Everything around me looks huge, oh dear.

Now, let me tell you about my father and my young days, before I tell you about the country of Lilliput.

(Read the text above)

MC: Thank you very much, Mr Gulliver. You seem to like studying because you went to Cambridge and Leyden. Now, everyone, do you have any questions for him?

(Questions and answers.)

MC: Thank you so much for coming and talking to us this morning, Mr Gulliver.

Mr Gulliver: Thank you. I hope everyone enjoyed my story.

第5章

英作文力
をつける活動

1 マンガ絵日記
——1日の生活を英文で伝える 〈中学1年生〉

課題の概要と狙い

　本活動は，現在形での英語表現がある程度身についてきたところで，自分の日常生活を時系列に英語で述べる練習である．1年生の限られた学習事項でも伝えられるように，情報を補う絵を描いた絵日記にする．

　日常生活の場面とそれを行う時間を示す図を用いて英語で表現する．一般動詞を用いることで，表現に幅が出ることを実感させたい．また，絵を加えることで，コミュニケーションのストラテジー（言いかえる，置きかえる，知らない表現を回避する，ほかのツールを用いるなど）の導入になる．まずは簡単に口頭で述べさせて，それを文字にして「書いて伝える」楽しみを感じさせたい．その後，名前を隠してどの生徒の日常生活かを当てる活動，読ませて質問をする活動にもつなげていく．中学1年生を対象としているので時制は現在形としている．

教材・用具等

　・ワークシート「マンガ絵日記」（p. 221 参照）

手　順

Activity　絵を見せながら1日の生活を説明する

　（1）　ペアワーク　ワークシートを配付し，朝の様子をペアになって英語でお互いに話をさせる．

218

1 マンガ絵日記——1日の生活を英文で伝える　　219

〈生徒の発話例〉

・I get up at seven in the morning.
・I have breakfast at seven thirty.
・About eight, I go to school with my friend.

（**2**）　自分の1日の日常生活を，6コマのマンガ絵日記にして書かせる．ワークシートの例（p. 221 参照）を参考に，時刻を示す表現を含めた英文で書かせる．例では，朝の行動に限っているが，放課後や夜の活動について書かせることも考えられる．

（**3**）　ペアワーク　グループ　完成した絵日記をペアまたはグループで見せ合い，感想を書かせる．

（**4**）　プレゼン　掲示をし，クラス全員で見せ合うことで，楽しみながら読む活動にも活用できる．あるいは，クラス全体の前でプレゼンテーションを行わせてもよい．

〈生徒作品例〉

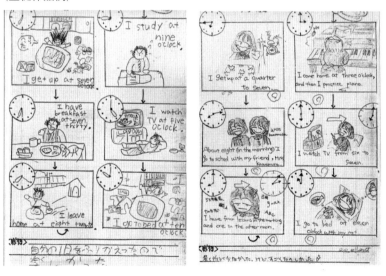

指導上のポイント

（**1**）　ここでは，一般動詞を用い，時刻を表現することに主眼を置いているので，その言語上の要点は押さえたい．時間を表す表現である "in the morning" の in や "at three" のような at という前置詞をここで習得させたい．"at night" は "in the night" とは通常言わないことも，生徒が混乱しないようであれば述べてもよいだろう．

（**2**）　手順（3）や（4）では，ペアあるいはグループでお互いの日常について語らせることによってコミュニケーション活動を行わせることもできる．

（**3**）　"What time do you …?" の表現を学んだ後であれば，さらに活発な活動が行える．

〈例〉　A:　What time do you get up?
　　　　B:　At six. I get up at six. How about you?
　　　　A:　I get up at seven.

（**4**）　この活動では，「朝の慌ただしい中，けっこういろいろなことをしているのに気がついた」と感想を述べた生徒が多かった．また，絵を描かせたことで，生徒指導上大事な情報が得られることがある．（例：朝食を食べていない．1人で食べている．など）

教材の応用例

（**1**）　三人称単数現在形を学習したところであれば，以下の例のように，絵を描いた生徒の生活について別の生徒に紹介させることも可能である．

〈例〉　My friend, Kazuya, gets up at seven, and Mika gets up at six. Mirai has breakfast at seven thirty, but Yoshiki doesn't have breakfast.

（**2**）　同様の活動を，学年に応じて，過去形，過去進行形の学習時にも応用して行うことができる．

（安部肇子）

1 マンガ絵日記——1日の生活を英文で伝える

ワークシート

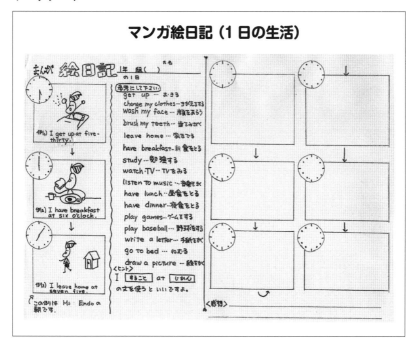

2 行きたい国を紹介する
——理由を述べる英文を書く   〈中学生向け〉

課題の概要と狙い

　本課題では，リスニング，スピーキング，リーディング，ライティングといった英語4技能の活動を総合的に展開しながら，生徒自身が述べたいことを英語で表現できるようにしていく．ここでは，生徒が自分の行きたい国を英語で紹介する活動を行う．「なぜ，その国に行きたいのか？」という理由を必ず3つ挙げるようにし，ある程度まとまりのある英文を書かせることを狙いとする．

　本活動では，まず，オーラル・イントロダクションで "I want to ..." の表現を確認し，次にその表現を含む模範的な英文を読ませる．その後，その英文に倣って各生徒に自分の行きたい国とその理由を3つ箇条書きさせ，ペアワークを行い定着させる．このように段階を踏むことによって，初級者でもまとまった英文が書けるようになる．

　この活動を通し，自分の行きたい国についての文化や特徴，関連する語彙や表現についても自主的に調べることになり，主体的に学ぶ姿勢を育て，異文化理解の学習にもつながることが期待される．

教材・用具等

　・ワークシート（p. 226 参照）

2 行きたい国を紹介する──理由を述べる英文を書く   223

手　順

Activity　オーラル・イントロダクションからスピーキングまで

（1）　オーラル・イントロダクションを行う．教師が行ってみたい国について簡単な英語で説明し，そのあとにいくつか質問をすることによって，教師が行きたい国，行きたいと思う3つの理由を生徒が理解できているかを確認する．また，その際に写真など視覚教材を使い理解を促すように工夫するとよい．

〈オーラル・イントロダクションの例〉

T:　Look at this picture. Do you know this country?

S:　It's Canada.

T:　That's right. This is Canada. I want to go to Canada. I have three reasons. First, I like ice hockey. Canada is .... Second, I want to see ….

（行ってみたい都市，見てみたいもの，体験したいこと，その国の好きなことなどを入れて説明する．）

So, I want to go to Canada.

（2）　ワークシートを生徒に配り，Activity 1 のリーディング活動を行う．3分程度時間を与え，ケンが行きたい国について書いた英文を読ませ，下の表の「ケン」の欄を完成させる．ある程度生徒ができた段階で，答え合わせを行う．

（3）　ケンの例を参考に，生徒自身が興味のある国を選び，なぜその国に行きたいか考えさせる．ワークシート Activity 1 の表「あなた」の欄に，行きたい国とその理由を3つ書き出させる．日本語または英語で記入させる．

（4）　ワークシートの Activity 2 のライティング活動を行う．Activity 1 のケンが書いた英文を参考に，文のつながりに注意させながら，自分の行きたい国を紹介する英文を書かせる．生徒が自ら書きたい文を書くには時間がかかるため，この活動に十分な時間をかけるようにしたい．

（5）　ペアワーク　ワークシートの Activity 3 のペアワークを行う．ペアを組み，お互いに自分の行きたい国について，Activity 2 で書いた文章を発

表し合う．相手の情報を聞き取り，ワークシートの表にその情報をメモする．

（6）[ペアワーク] さらに2回ペアをかえて行い，3人分の情報を表に記録する．

指導上のポイント

（1）Activity 1 で答え合わせをする中で，必要であれば理由等が英文のどこに書かれているかを明示し，生徒の理解を促すとよい．

（2）3つの理由を述べるパターン，"I have three reasons. First, … Second, … Third, …" を理解させる（p. 208 Discourse Marker 参照）．

（3）今回の活動では，"I want to ..." を繰り返し使用しているが，生徒の習熟度に応じて，"I'd like to ..." とか "I will ..." などの表現も指導してもよい．また，表も日本語で記入するのではなく英語で書くこともよいだろう．またその場合には，表の「あなた」の部分を削除し，Activity 2 を直ぐに行うことで，発表（Activity 3）の時間も確保することができ，4技能のバランスがとれる．時間のない場合，Activity 3 は次回の授業で行うようにしたい．

（4）Activity 3 では，書いたものを読むのではなく，自然に話して聞かせるような雰囲気作りを心掛けたい．それには，相手をかえて，数回練習させるとだんだんと自然な話し方に近づく．

教材の応用例

（1）Activity 3 については，ペアワークではなく，3人あるいは4人のグループワークも可能である．

（2）[プレゼン] クラス全体でのスピーチや show & tell にすることができる．その際は，右頁のような表を使い，行きたい国とその理由を1つだけ書き取らせる形式にし，発表をしっかりと聞く態度を身につけさせる．また，クラス全体へ発表する際には，しっかりとした声で聞き手を見ながら発表できるよう指導し，自信をもって発表できるよう支援する．

2 行きたい国を紹介する――理由を述べる英文を書く

名前	国	理由
ゆみ	アメリカ	ユニバーサルスタジオで遊びたい

（白羽麻衣子）

226 　　第5章　英作文力をつける活動

ワークシート

Activity 1 （リーディング）

ケンが書いた下の英文を読み，表の①〜④に適切な語を入れなさい.

I want to go to the U.S.A. I have three reasons. **First**, I like baseball very much. I am a fan of Ohtani Shohei. He plays for Los Angeles Angels. I want to watch his game in the U.S.A. **Second**, I want to visit the space museum in Washington, D.C. I can see Apollo 11 there. **Third**, I like English and want to talk with a lot of people in English. **So** I want to go to the U.S.A.

	ケン	あなた
行きたい国	① （　　　　　　　）	
理由 1	アメリカで② （　　　　　　） が見たいから.	
理由 2	ワシントン DC にある ③ （　　　）に行きたいから.	
理由 3	④ （　　　　　　　　）と英語 で話したいから.	

Activity 2 （ライティング）

Activity 3 （ペアワーク：スピーキング＆リスニング）

聞いた友人の名前			
行きたい国			
理由①			
理由②			
理由③			

3 ご当地カルタを作ろう

──読み札を英文で作る

〈中学生向け〉

課題の概要と狙い

最近,「B級グルメ」や「ゆるキャラ」など,地元の隠れた名所や名産を広く発信することが流行っている.生徒たちもそのような話題には敏感で,地元のことを英語で紹介したいと思う場面が多々あるように思われる.

本課題は,各都道府県でもよく見られる「ご当地カルタ」の英語版を自分たちで作る活動である.教科書でも「自分の町を紹介しよう」や「町の有名な事物を紹介しよう」という題材はたくさんある.それを応用して英語カルタを作成し,地域の名物や名所・旧跡を英語で紹介する表現を学ぶことを狙いとする.

絵は生徒たちに描いてもらってもよいし,インターネットから探してきてもよいだろう.その際には著作権に注意したい.読み札となる英文をグループで作っていくことで,オリジナルカルタができる.

英語カルタ作りでは,遊ぶ際にも英語を推測しながら理解しようとする姿勢を育むことになる.当然,知らない語句も含まれるカルタなので,「今,何と言っていたのかな?」と疑問に感じる場面が出てくる.この場面こそ,主体的に語彙や表現を学ぶ場面になる.

教材・用具等

・カルタの題材となる地元の名産などの写真(静岡県ならお茶,うなぎなど):地元を紹介する雑誌などがあると,調べる時間が短縮できる

227

・白紙のカルタカード（同じサイズに切った白紙，絵札用と読み札用を生徒に2〜3組）

手　順

Activity　カルタの読み札原稿を作成する

（1）　グループ　グループでトピックを選び，カルタの読み札原稿を作成していく．カルタの読み札という視点を忘れずに，2文から3文で説明できるようにする．

〈読み札の原稿例〉　静岡ローカル版（生徒作品）

・We are hungry at night. We want to eat this pie every night. It's sweet. This pie makes you fine. (*Unagi*-Pie)（または英語で Eel Pie）

・People in Hamamatsu love music. There are many factories related to music. They make good pianos there. (piano)

・This is one of Japanese foods. We can buy this at festivals. We put sauce on it. It looks like ramen, but it has no soup. It's not too soft because we use special noodles. (*Fujinomiya yakisoba*)

・This drink goes well with any Japanese food. It's green. It tastes a little bitter. You can enjoy drinking this while talking. (green tea)

（2）　絵や写真は生徒に描いてもらうか，インターネットからもってくる．実際はラミネートをかけて，カルタのように仕上げる．

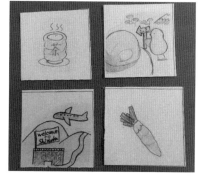

〈例〉　左上から green tea,
　　　　Kokko (sweets),
　　　　Mt. Fuji Shizuoka Airport,
　　　　wasabi
　　　（裏面には読み句が印刷されている）　　　　（生徒作品）

指導上のポイント

（**1**）　1人で読み札を作っていくことも考えられるが，中学生では英語に自信がなかったり，翻訳サイトからの英語をそのまま意味もわからず抜き出したりすることも少なくない．グループで取り組ませ，ユーモアあふれる表現になるよう指導したい．

（**2**）　カルタの読み札として，楽しめる原稿となるよう指導を心掛けたい．例えば，"Green tea is ..." と始めてしまうとすぐに札を取られてしまい，おもしろくない．そのため，色やにおい，味などについて説明していく中で，少しずつ答えにつながるような英語表現にしたい．また，"It tastes sour." "It's a little sweet, but not too sweet." "It smells like fish." などの味やにおいに関する表現の仕方は，この題材の中で活用することで，ほかの話題にもつながっていくであろう．

（**3**）　作ったカルタは自分たちで遊ぶほか，下級生に試してもらえるとよい手本になる．小学校の英語実践の1つとして，近隣の小学校で遊んでもらう活動にも利用できるだろう．

教材の応用例

（**1**）　カルタの題材を地元ではなく，日本の各都道府県の名産などを対象とし，それを英語にし，全国を網羅する活動も考えられる．自国の文化を見直し，どのようなよさがあるのか，そのよさをどのような英語にしていくのか，考えていくことができるであろう．

（**2**）　また，物だけでなく著名人などを題材とすれば，三人称単数現在形や過去形を多く活用した英文になる．「イクラ」や「サクラエビ」を，カルタの絵札の代わりに，"salmon eggs" や "pink shrimp" のように文字にして拾わせると，どのような英文で表現されるのかを文字から推測しながらカルタを楽しむこともでき，語彙力養成にもなる．

（**3**）　ご当地カルタだけでなく，家庭科で扱った「日本の伝統料理おせち」を用いて，正月に関するカルタを作ったり，社会科で学んだ地理的特色（一番長い川や広い平野など）の知識を活用しながら，料理や地理に関する英語表現につなげていくことも可能である．

（稲葉英彦）

4 力を合わせて英作文

―CST（Collaborative Story Telling）　〈中学2年生以上〉

課題の概要と狙い

　「いつ・どこで・だれが・どうした」という文を複数の生徒で作っていく遊び学習がある．偶然にも内容がつながったよい文章になることもあれば，筋が無茶苦茶で笑いを誘うような文章になることもある．

　本課題は，複数の生徒で文を作っていくこのような活動を英語学習に応用し，楽しみながらライティングの力を身につけさせていくものである．ある主人公を決め，グループでその人物についてのストーリーを創作していく．グループ内で分担し，自分の思うままに書いた英文をもちより，協力してそれをつなぎ合わせていくことで，ストーリーとしてまとまった文章に仕上げていく．最初はだれがどのような文を書いているかわからないため，ミスマッチな英文もできるが，それがかえっておもしろさとなる．

　1つのストーリーにまとめていく際に，文法，文章のつながりなど，自分たちで英文をチェックすることになり，既習事項の復習にもなる．グループで協力して行うことで，「伝えよう」という気持ちをもたせることも狙いとする．

教材・用具等

　・ワークシート "Let's Enjoy CST!"（p. 235 参照）：
　・タイマー

４　力を合わせて英作文——CST (Collaborative Story Telling)　231

手　順

<u>Activity 1</u>　与えられた課題の英文を書く

（**1**）　生徒にワークシートを配り，6人グループを組ませ，①〜⑥の順番を決めさせる.

（**2**）　教師は，以下のように①〜⑥の生徒の役割分担を説明し，自分の分担部分の英文をワークシートに書くよう指示する．書く時間は，あまり長いと待っている生徒が飽きてしまうため，30秒程度とする.

① 主人公の名前とその人物が好きなことを英語で書く生徒.

② ストーリーの「時」，「場所」の設定を英語で書く生徒.

③ 主人公にとって悪い出来事を英語で書く生徒.

④ 主人公の台詞を英語で書く生徒.

⑤ 主人公にとって良い出来事を英語で書く生徒.

⑥ 主人公の結末を英語で書く生徒.

〈指示例〉

　First student, please write a main character's name and his / her favorite thing in 30 seconds.　And don't show it to other members. （30秒待つ）

　Second student, please write "When" and "Place" and don't show it to other members. （30秒待つ）

　Third student, please write "Something bad happening to the main character" and don't show it to other members. （30秒待つ）

　Fourth student, please write what the main character says. （30秒待つ）

　Fifth student, please write "Something good happening to the main character." （30秒待つ）

　Sixth student, please write the ending. （30秒待つ）

（**3**）　生徒はワークシートに1〜2文の英文を書く．生徒は書いた内容をほかのメンバーに見せないようにする.

〈例〉　①の生徒

　　（主人公・特徴・好きなこと）　John is a young boy.　He likes baseball very much.

　　②の生徒

　　（時，場所）　It's summer in Nagoya.

　　③の生徒

　　（悪いできごと）　He or she had a car accident.

　　④の生徒

　　（台詞を書く）　He or she said, "I want to go to America."

　　⑤の生徒

　　（良い出来事）　He or she found one hundred million yen in the river.

　　⑥の生徒

　　（最後の結末）　He or she passed the exam for high school.

Activity 2　各自の英文を確認し，つなげる

（1）　グループ　ここで初めてそれぞれの生徒が書いた内容を共有し，並べてみて少しおかしな点があれば，どうすればつながりがよくなるかを考えさせる．必要に応じて人称や時制など，流れに合うように修正していく．

〈例：太字は修正を加えた部分〉

① John is a young **man who** likes baseball very much.

② **He lives** in Nagoya. It **was** summer.

③ **He** had a car accident.

④ **He** said, "I want to go to America."

⑤ **He** found one hundred million yen in the river.

⑥ **He** passed the exam for high school.

（2）　グループ　それぞれが書いたことをグループで協力してつなげ，1つの物語にする．書いた内容だけで物語にするのが大変な場合は情報を書き足すことも可能とする．

4　力を合わせて英作文——CST (Collaborative Story Telling)　　233

〈例：下線部はもとの①〜⑥の英文〉

　　John is a young man who likes baseball very much. He lives in Nagoya and plays baseball every Sunday. It was summer. When he was on the way to his baseball practice, he had a car accident. Then he was taken to the hospital. So he had to stay in hospital for a while. He watched Major League Baseball games on TV almost every day. One day, he said, "I want to go to America." Going to America became one of his dreams. After he became fit, he started to play baseball again. One day, he lost a ball during his baseball practice. He looked for the ball and finally found it in the river. At that time, he also found something. It was money. It was one hundred million yen. He was a good boy so he took it to the police station. He was fifteen years old and he studied hard to pass the exam for high school. One year later, he had a phone call from police because they couldn't find the owner. So he was able to get the money. He was so happy. He passed the exam for high school. After he graduated from junior high school, he went to America to watch baseball games there.

（**6**）　グループ　プレゼン　作成したストーリーをクラス全体で共有する．グループ全員で発表を行う．1人の生徒だけの発表だと他人任せになってしまうため，全員で読むところを分担する．

指導上のポイント

（**1**）　物語を1つにするときに，he or she などの表現を統一させるようにする．

（**2**）　ディスコースマーカーについては一覧表などを用意しておくと，生徒にとって使いやすい (p. 208 Discourse Marker 参照).

（**3**）　1文はなるべくシンプルに書かせる．（30秒程度が適度である．）そうすることで，あとでまとめやすくなる．

（**4**）　物語が完成し，全体で発表する際には，はじめに書いた①〜⑥の文

を紹介する．なお，①～⑥の文が本当にきちんとつながらない可能性も高いが，それはそれでおもしろく，何とかつなげるために生徒が努力，協力することが一番の目的である．

（5）　全体でできた英文を共有したあとに，クラスでベストストーリーを選ぶことも可能である．

（6）　学期末などに行うと，例えば，「過去形」「直接話法」「未来形」等，既習事項の復習となり効果的だと考えられる．

教材の応用例

（1）　時間に余裕があるときは，スキットにする．Q&A や T/F クイズを自分たちで作成することで，より主体的な活動となる．

（2）　ストーリーを読み終わった際に，このストーリーについて Q&A や T/F クイズを行うことで，生徒たちが集中して聞くようになる．時間に余裕がある場合は絵（挿絵）等を用意すると，聞いている生徒が理解しやすくなる．

（鈴木洋介・小田寛人）

Let's Enjoy CST!

① 主人公の名前とその人物が好きなこと
② ストーリーの「時」,「場所」の設定
③ 主人公にとって悪い出来事
④ 主人公の台詞
⑤ 主人公にとって良い出来事
⑥ 主人公の結末

自分の分担番号

グループで

① _____
② _____
③ _____
④ _____
⑤ _____
⑥ _____

5 ファンレターを書こう（A Fan Letter Project）
——世界の人々に手紙を送る 〈中学2年生以上〉

課題の概要と狙い

　どの教科書でも扱われている「手紙を書く」という活動では，クラスの仲間，ALT，あるいは架空の人物に宛てて書くことが多い．これが外国に住む人に「実際に」手紙を出すとなれば，生徒のモチベーションは一気にあがる．ここでは，映画スターやTVスター，起業家や有名人宛てにファンレターを書く活動を紹介する．10月〜11月にサンタクロース宛てにクリスマスカードを送ると，実際に返事がもらえることも多く，生徒にとってよい動機づけとなる．

　ファンレターを出す相手は英語を母語とする有名人だけとは限らない．韓国のアーティスト，ブラジルのサッカー選手，ロシアのオリンピック選手など，英語を母語としない人も対象とする．こうすることで，生徒たちは国際語としての英語の力を実感し，世界の人々とつながっていく第一歩を味わうことになる．

　ファンレターを書く際に必要となる英語表現は，インターネットを調べればいくらでも見つかるが，ここでは，ファンとして真に伝えたいことを英語でどう表現するかを生徒に主体的に考えさせることを目的とする．したがって，多くの学校で「英語は英語で教える」時間が多くなってきていると思われるが，自分の伝えたいことを明確にし，英語にしにくい表現をどう表現するかを学ばせるために，あえて日本語から英語にしていく活動とした．

236

5　ファンレターを書こう（A Fan Letter Project）——世界の人々に手紙を送る　237

教材・用具等

・手紙を書くための便せん（海外用でなくても最低料金で十分届く）
・封筒（これも海外用でなくても最低料金で十分届く）
・送料（アメリカで 100 円程度，郵便局で相談するとよい）
・国際返信切手券（IRC: International Reply Coupon）1 枚 150 円.
　※同封すると返事が来やすくなる．入れなくても送ることに支障はな
　　い．生徒の希望に従う．

手　順

Activity　英語で手紙を書く

（1）　まずファンレターを出したい人を生徒各自で決める．これまでに授業で扱った「お気に入りの選手や芸能人」「活躍した人」「好きな映画」などを生徒に思い出させると決めやすい．

（2）　グループ　どのようなことを伝えたいかをグループワークを行いながら生徒同士で共有させ，英語で書かせる．

〈生徒同士のやりとりの例 1〉

S1:　「サインがほしい」は "I want a sign." でいいのかな？

S2:　「サイン」っていうから，"sign" でもいいんじゃない？

S3:　今，辞書で引いてみたら，"sign" は「符号」「記号」ってあるから違うかも．"autograph" って言い方もあるみたい．

S2:　"Your autograph, please." ならどうかな？

T（教師）:　"please" って丁寧にするイメージだけど，もっと丁寧な言い方にしたほうがよさそうだけどね．

S2:　"May I get …?" とか使ったらどうかな．"Can you give me …?" も使えそう．

S4:　"Would you like to …?" みたいな言い方があったけど，ここで使えないかな？

238　　　第5章　英作文力をつける活動

〈生徒同士のやりとりの例2〉
S1: "I'm looking at you on TV every day." は「いつも TV で見ています.」だよね？
S2: "looking at" だと一瞬見る感じだから，"watching you" ならどうかな？
S3: "I'm watching you." だと，今実際に見ているってことじゃない？ "I often watch you on TV." とかのほうがよさそうだけど.
S1: "I'm a big fan of you." って付け加えれば，ファンでいつも見てるってことが伝わりそう.

（3）　ある程度書けたら，教師がチェックする前に，生徒同士でチェックする時間を設ける.　その際，よくある間違い（複数形や三人称単数現在形など）はリストにして，間違いやすい例文と共に生徒に渡しておくと自信をもってチェックできる.

（4）　下書きのあと，清書を行う.　下書きの時点で，教師または ALT が最終チェックしてもよい.

（5）　封筒に自分の宛名・相手の住所などを書き，封をする.　重さを量って（これも生徒が自分で量って）活動が終了となる.

（6）　生徒の書いた手紙のコピーをとるか，下書きを集め，その中から「素敵な表現」を抜き出し，リストにして生徒に渡し，振り返りの教材とする.

指導上のポイント

（1）　この活動において大切なのは，生徒が個人的に自由に手紙を書くのではなく，教師が決めた授業の目標に向けて，全員で意見を出し合ったり，お互いの書いた手紙の下書きを見せ合いながらお互いにアドバイスをし合うところである.

（2）　海外の映画やアーティストに興味のない生徒がいても当然であり，ファンレターを出したい相手をなかなか決められないことがある.　その場合は，これまでに学習した教科書の題材に登場した人物に手紙を出すように促

5 ファンレターを書こう（A Fan Letter Project）——世界の人々に手紙を送る　239

す．健在であればどの人に出してもよい．また，亡くなった後でも世界中から手紙を受け取ってくれる団体も調べれば見つかる．それでも出す相手が見つからないのであれば，カナダに住む正真正銘のサンタクロースに出す方法もある．国際返信切手券を同封しなくても必ず返事が戻ってくる．

〈カナダのサンタクロースの宛先〉

Santa Claus

North Pole HOH OHO

Canada

（**3**）　教師がこれまでにもらったファンレターの返事などがあればぜひ提示したい．クリスマスの時期にはクリスマスカードを書かせるのもよい．異文化の直接体験となる．

（**4**）　アメリカに出す生徒がいれば，住所には通りの名前が書かれていること（Leon St. など）に気づくであろう．生徒のつぶやきを授業の中で取り上げて，アメリカの街の詳細地図や Google マップを見せてあげると，異文化理解の 1 つとして興味をもつ生徒もいるだろう．

（**5**）　自分の住所を書くことに抵抗がある生徒がいれば，学校の住所を使うように指示すればよい．

〈生徒の書いた英文の例〉

November 17, 2015

Dear Johnny Depp,

I'm Shun. I live in Japan. I'm a junior high school student. I'm a fan of yours.

I love your movies. My favorite movies of yours are "Pirates of the Caribbean" and "Charlie and the Chocolate Factory." Your acting was very nice in them.

I'm looking forward to "Pirates of the Caribbean 5." I'll be your big fan forever.

Sincerely yours,
Shun

240　　第5章　英作文力をつける活動

教材の応用例

（**1**）　イースターカード，バースデーカードなどを書かせて，欧米の習慣を体験させる．

（**2**）　返信されたカードや手紙があれば，その英文をクラス全員で読む活動につなげる．

（**3**）　授業以外でも，世界で活躍する有名人に自由に手紙を書くことを促す．親子で国際郵便を楽しむようになったりする．まさしく英語を主体的に使う姿となる．

（稲葉英彦）

〈生徒のファンレター〉

6 サンキュー・カードを書こう

──自分の思いを伝える活動 〈中学生向け〉

課題の概要と狙い

　毎年，年度末は，お世話になった先輩が卒業したり，大好きな教科の先生の最後の授業があったりと，生徒にとって心が揺れ動く時期である．3月の最後の活動の1つとして，感謝の手紙（Thank you card）を英語で書き，実際に相手に届けてみてはどうだろうか．

　本課題は，クラスや学年だけでなく，学校内の全生徒，全職員（図書館司書や養護教諭，用務員さんまで含めて）を対象に，サンキュー・カードを書く活動である．カードの読み手を意識して手紙を書くことによって，より伝わる英語表現を意識させ，自分の思いを英語で表現する力を養成する．3年生から英語初心者の1年生に宛てて書く際には，1年生でもわかる英語を使おうとするだろうし，英語以外の教員に書く際には，授業で学んだことを総動員して少し背伸びした英語表現を使いたがるかもしれない．"Thank you for ~ing." や "I enjoy ~ing." などの動名詞を学ぶ絶好のタイミングにもなる．実際に書かれた内容には生徒の温かい思いがあふれている．つたない英語であってもその思いは読み手の心に届くであろう．

　本活動では，既習の英語表現を存分に活用して，主体的に本活動に取り組むことが期待できる．毎年，年度末に実践することを勧める．

教材・用具等

- ・下書き用のワークシート（枠だけでもかまわない）
- ・画用紙を切ったはがきサイズのカード
  （できれば10円程度の美しい紙があるとモチベーションが格段にあがる）
- ・宛先を書く付箋（クラス名と名前）

手　順

Activity　サンキュー・カードを書く

（1）　学校内の全生徒，全職員の中で感謝の手紙を渡したい相手を決めて，どのようなことを伝えたいかを考えさせる．

（2）　"Thank you for ~ing." や "Thanks to you, I ..." など，全員共通の表現を中心に，「どのようなことを伝えたいのか」ということから生まれる英語表現をクラス全体で考えていく．

〈生徒のやりとりの例〉

S1:　体育祭で活躍していた，って "You were active on Sports Day." でいいかな．

S2:　活動的だったってこと？　そういえば，リレー速かったもんね．具体的にリレーで活躍したって言ったらどうかな？

S3:　"You ran very fast." とか？

S1:　"You ran the fastest of all the runners." のほうがすごそう．

S4:　じゃあ，"You ran the fastest of all the runners." のあとに，"I was surprised." とか言えば，気持ちが伝わるかも．「感動した」ってどうやって言ったらいいんだろうね．

（3）　下書きのあと，教師は生徒の英語をある程度チェックし，清書を書かせる．絵を描いたり色を付けたりしてよい．

（4）　清書したカードは集めたあと，英語教科係がいれば手伝ってもらい，渡したい人がいるクラス毎に分けておく．時期をみて，カードを宛先の人まで渡しに行ってもらう．

※英語教科係に配達人（mail carrier）になってもらうことで，自分たち

が授業作りに参加している思いがもてるという副産物もうまれる．

指導上のポイント

（1）　中学1年の段階で，基本的な手紙の書き方を教えておけば，学年が上がるたびに英語表現にこだわるようになっていく．

（2）　生徒の英語をチェックする際，完璧さを求めがちであるが，生徒が最初に書いた英語表現を最大限活かしてカードに書かせたい．文法的に少し間違いがあっても，まずは伝えたい気持ちを最優先していきたい．

（3）　このような活動をするときに，返事がもらえない生徒がいることも忘れてはならない．そこで，1人1枚以上書いてもよいこと，英語教師も生徒に出すこと，4人グループで自分以外の3人には必ず書くこと，などの条件を加えてもよい．また，返事のない生徒が出ないように，英語科の教師だけでなく他教科の教師からもカードを出してもらえると，温かな協働活動になるだろう．

（4）　カードを受け取った生徒が，「先生，これなんて書いてある？」と尋ねてくることがよくある．そこで簡単に教えてしまってもよいが，「辞書使ってみる？」と一言声をかけたい．また，事前に辞書を使えるように「使い方の基本」を授業で扱っておくと，生徒は自然に辞書を引くようになる．

〈生徒が他教科の先生に書いたカード〉

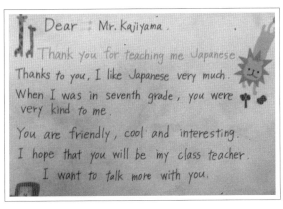

実際，この活動を行ってみると，カードをもらった教師から，生徒に英語で返事が届くことが多い（お願いしなくても書いてくれる他教科の先生に感謝！）．非常にありがたい．

教材の応用例

　[プレゼン]　サンキュー・カードを皆の前で読んでクラスの相手に渡す形をとることもできる．心を込めて読むことができれば，感動的なプレゼンテーションとなる．

（稲葉英彦）

7 旅行計画を立てよう
——パンフレット作成から発表まで〈高校生向け〉

課題の概要とねらい

　本課題では，観光名所について生徒が興味をもって調べ，英文の案内（パンフレット）を作成し，最終的に旅行計画書をグループで作成し，発表するという主体的な活動となることを狙いとする．ここでは例として，修学旅行などでよく訪れる京都の観光名所を取り上げたが，生徒の状況によっては，ほかのなじみの観光地を取り上げることも考えられる．

　活動としては，まず，グループごとに観光名所についての説明を英語で書き，オリジナルのパンフレットを作成する．次に，各グループが作成した英文パンフレットをクラスで共有して読み，その情報を利用して旅行計画書を英語で作成する．したがって，本課題ではライティング活動と同時にリーディング活動もなされていることになる．

　本活動を通して，日本の名所や文化を再認識することになり，日本を訪れる外国人観光客に日本の名所を説明できるようにすることも狙いの1つとなっている．

教材・用具等

・ワークシート "Tourist Attractions in Kyoto"（p. 250 参照）
・白紙の画用紙：パンフレットにするために各グループに1枚配付
・日本の観光名所（例：京都の鉄道博物館，嵐山など）を紹介した参考資料：観光ガイドブックや観光案内パンフレットなど

245

246   第5章　英作文力をつける活動

手　順

Activity 1　観光名所の説明を英語で書く

（1）　3～4名のグループを作る.

（2）　グループ　修学旅行等で生徒が訪れたことのある京都の観光名所について思い当たるものを挙げ, それを英語で簡単に説明させる.

（3）　グループ　ワークシートの例に従って, その観光名所で何ができるか, 何を楽しむことができるかを考えさせる.

（4）　グループ　グループごとに画用紙を配付し, 観光名所の説明を英語で書かせ, 写真を入れてパンフレット風にする. その際に, "You can see ..." "You will enjoy ..." "You can try ..." など, 用いる構文や文法項目を示しておく.

（5）　各グループで作成したパンフレットを提示し, クラスで共有する.

Activity 2　旅行計画書を作る

（1）　Activity 1で各グループが作成したパンフレットの観光名所の説明を読み取らせ, 1泊2日の旅行で訪れてみたい場所についての情報を収集させる.

（2）　グループ　パンフレットの情報をもとに, グループでワークシートActivity 2の表を用いて1泊2日の旅行計画書を作らせる.

（3）　グループ　その計画書を説明する英文を作成させる. クラスの習熟度に応じて, 解答例にあるような説明文の例を示しておくとよい.（解答例参照）

（4）　プレゼン　クラスの前で, グループの代表が旅行計画書の説明を英語で発表する.

指導上のポイント

（1）　Activity 1では, 観光名所をいくつかあげてその説明をすることが求められているので, 調べ学習的な活動である. したがって, 観光名所をあげたあとで英語による説明の部分を課題として出しておき, 各自インターネット等で調べさせることも考えられる.

7　旅行計画を立てよう──パンフレット作成から発表まで　　247

（**2**）　Activity 2 で情報を収集する際は，自分たちのグループの情報に加え，別のグループの情報も利用でき，内容を比較したり，合わせて考えることもできる．別のグループが作成した英文概要を読むことになり，リーディングの練習にもなる．

（**3**）　Activity 2 では，旅行の計画を立てる際に，未来を表す表現を用いること，予定を午前と午後に分けて書くなど，時系列で表現することを指導したい．また，単に行きたい観光名所について書くだけではなく，なぜ行きたいのか，理由も付け加えられるように指導したい．

（**4**）　さらに，生徒の習熟度にもよるが，旅行計画そのものについては，観光名所で何をしたいのか，何を楽しむことができるのかなど，なるべく具体的に書けるようにしたい．教師の方からあまり指示を出さずに，生徒の好きなものを中心に旅行計画を立てさせるとよいだろう．

（**5**）　実際のパンフレットに近づけるため，京都の地図を配り，移動時間など地理的な要素も考慮に入れさせ旅行計画書を立てさせるとよい．

（**6**）　Activity 2 の（4）では，時間があれば十分な準備時間を与え，写真などもスライドで提示しながらの本格的なプレゼンテーション活動にしてもよい．

解答例
Activity 1

1. Zazen

   Zazen is a type of Buddhist meditation. You can try zazen at a temple in Kyoto.

2. *Teradaya*

   Teradaya is an old Japanese-style hotel. Ryoma Sakamoto was attacked there.

3. *Maikozaka* studio

   You can dress up like a *maiko* or *geiko* and walk around the city wearing a kimono.

248 第5章 英作文力をつける活動

Activity 2

Day		Place	Attraction
8/27/17	**a.m.**	The Kyoto Railway Museum	We will see the railway history of Japan.
	p.m.	*Arashiyama*	We will see the beautiful scenery of the *Katsura* river.
8/28/17	**a.m.**	*Tenryu-ji*	We will try zazen.
	p.m.	*Teradaya*	We will study about Ryoma Sakamoto.

On the first day, we will go to the Kyoto Railway Museum, because we are interested in the railway history of Japan. Then we will visit *Arashiyama* and enjoy the beautiful scenery of the *Katsura* river in the afternoon. On the second day, we will try zazen at *Tenryu-ji* in *Arashiyama* in the morning. Then we will visit *Teradaya* in the afternoon, where Ryoma Sakamoto was attacked. We studied about him in Japanese history, so most of you are interested in the place.

教材の応用例

（1）　生徒自身が行ってみたいと思うその他の観光地（あるいは自分の居住地でもよい）を選ばせ，その名所のパンフレットを作成させる．その際，来日した外国人旅行者にその名所を説明する目的で作成するように指導する．

（2）　プレゼン　観光名所のパンフレットの作成後，クラスで外国人旅行者役の生徒に，ガイドになったつもりでその観光名所を説明させる活動をすることも考えられる．外国人観光客役の生徒がガイドの説明の不明な点に対して質問すると，より進んだコミュニケーション活動になる．

（3）　さらに，自分で行ってみたい国をあげて，その観光名所のパンフレットを作成し，ツアーを組み立てさせる活動も考えられる．

参考文献

MONUMENT English Expression I，開拓社，2012.

（山﨑浩之）

Tourist Attractions in Kyoto

Activity 1

(example 1)
Kyoto Railway Museum: You can see the railway history of Japan.

(example 2)
Arashiyama: You can see the beautiful scenery of the *Katsura* river.

Write what you can see, enjoy, or try, like the examples above.

1.

2.

3.

Activity 2

Day		Place	Attraction
	a.m.		
	p.m.		
	a.m.		
	p.m.		

8 簡易ディベート
──即興で意見をまとめて書く 〈高校2年生以上〉

課題の概要と狙い

　今日の教育では，事実や意見などを多様な観点から考察し，論理の展開や表現の方法を工夫しながら伝える能力が求められている．立場を決めて意見をまとめ，相手を説得するために意見を述べ合うディベートを行うことでそうした力は養われる．「ディベート」というと，グループを組んで行う形を想像するが，ここでは個人対個人で行う簡易ディベートを紹介する．

　本活動は，ペアでの簡易ディベートを通して，相手の意見や反論をよく聞いたうえで，即興的にそれに対する自分の意見をまとめる．ディベートの基本的スキルを習得するとともに，論理的な英文を短い時間で考えて，それを英語で書く姿勢を身につけることを狙いとする．

　この言語活動を通して学力の3要素の1つである「思考力・判断力・表現力」を育むことができる．

教材・用具等

・テーマ：ここでは，テーマ例を "English should be taught only by native speakers of English at high school level in Japan." として紹介する.
・ディベートシート1（肯定側）（p. 258 参照）
・ディベートシート2（否定側）（p. 259 参照）
・電子辞書
・タイマー

251

手　順

Activity 1　各自の意見を書く

（**1**）　生徒に「本日の議題」を提示する．

〈例〉　T:　Today's motion is, "English should be taught only by native speakers of English at high school level in Japan."

（**2**）　ペアワーク　ペアになり，じゃんけんで肯定側・否定側を決めさせる．ペアごと机を向かい合わせにさせ，肯定側にはディベートシート 1，否定側にはディベートシート 2 を配付する．

〈例〉　T:　Make pairs and do *Janken* to decide which side you are going to be on.

（**3**）　生徒は電子辞書や教師の力を借りて，ディベートシートの Argument の欄に自分の意見を書く．7 分間の準備時間を与えた後，教師の合図でディベートを開始する．

〈例〉　T:　Please write your argument. You have 7 minutes.

〈自分の意見例：肯定側〉

　　I strongly believe that English should be taught only by native speakers of English at high school level in Japan. This is because, Japanese high school students should be good enough to understand English without Japanese translation. They start to study English when they are in elementary school. Their English levels should be higher than they used to be.

〈自分の意見例：否定側〉

　　I strongly disagree with your opinion that English should be taught only by native speakers of English at high school level in Japan. This is because even now, a lot of Japanese high school students can't understand English lessons well and are not well motivated, either. They wouldn't understand English lessons at all if it were not for the help of Japanese and this situation would be worse.

Activity 2　各自が意見を述べ合い，相手の意見を聞いてメモをとる．
(**1**)　肯定側が立って，30 秒で自分の主張を読む．否定側はメモをとる．

〈例〉　T:　Affirmative side, please stand up.　Read your argument speech.　You've got 30 seconds.　Negative side, take a note. Ready, start.

(**2**)　30 秒を与え，否定側は聞き取れなかったところを確認し，メモを完成．

〈例〉　T:　Time's up.　Negative side, if you have any words you couldn't catch, ask questions to your partner.

(**3**)　否定側が立って，30 秒で自分の主張を読む．肯定側はメモをとる．

〈例〉　T:　Now, Negative side, stand up.　Read your argument speech. 30 seconds.　Ready, start.

(**4**)　4 分与え，まず肯定側が聞き取れなかったところがあれば確認し，メモを完成．その後，反論をお互い考え反論の欄に書く．

〈例〉　T:　Now, you have 4 minutes preparation time.　Write a refutation.

(**5**)　否定側が立ち，反論を読む．肯定側はメモをとる．

〈例〉　T:　OK.　Time is up.　Negative side stand up.　Read your refutation.　Affirmative side, take a note so that you can make your defense speech later.

〈否定側反論例〉
　　You said Japanese high school students could understand English well enough because they started to learn English when they were in

elementary school. But it's not true. Because of the early start of English lessons, more than a few students come to dislike English when they enter junior high. As a result, many high school students have low motivation to study English.

(**6**)　30秒与え，肯定側は聞き取れなかったところを確認し，メモをとる．

〈例〉　T:　Ask questions if you need.

(**7**)　肯定側が立ち，30秒で反論を読む．否定側はメモをとる．

〈例〉　T:　Now, affirmative side, stand up. Read your refutation.
〈肯定側反論例〉

　　You said a lot of Japanese high school students couldn't understand English lessons well and are not motivated well. However, it's not true. Now, everyone knows English is necessary to work in the world and most students want to be good speakers of English. Also, if your teacher is a native speaker and you need to speak English with them, your English ability will definitely improve, whether you like it or not.

(**8**)　4分与え，まず肯定側が聞き取れなかったところを確認し，メモを完成する．その後，相手の反論に対してさらに反論をディフェンスの欄に書く．

〈例〉　T:　Now. It's preparation time. You have four minutes. Write a defense speech.

(**9**)　肯定側が立ち，30秒でディフェンススピーチを読む．

〈例〉　T:　Time is up. Affirmative side, stand up. Read your defense speech. 30 seconds. Ready? Start.

8 簡易ディベート——即興で意見をまとめて書く　　255

〈ディフェンススピーチ例：肯定側〉

　You attacked my argument by saying that because of the early start of English lessons, more than a few students dislike English when they enter junior high. However, this is not always true because these days elementary school teachers are making a great effort and their English teaching methods are actually wonderful. As a result, the English ability of elementary school children is much better than you may think. Therefore, my argument still stands.

（**10**）　否定側が立ち，30秒でディフェンススピーチを読む．

〈例〉　T: Finally, Negative side, stand up. Read your defense speech.
〈ディフェンススピーチ例：否定側〉

　You attacked my argument by saying that, if your teacher is a native speaker and you need to speak English with them, your English ability would definitely improve. But it is not always true. High school students tend to develop their English ability by using their knowledge of grammar. Without Japanese, such a deep understanding would not be possible and students would not be able to use English properly. Therefore my argument still stands.

Activity 3　各ペアのディベートの内容をクラスで共有する

（**1**）　プレゼン　1～2組のペアを指名し，全体の前で発表させる．教師がコメントする．

〈例〉　T:　I'd like some of you to make a presentation. Any volunteers? OK, Mr. ○○ and Ms. ○○ . Please show us how well you can debate on today's topic.
〈教師コメント例〉

　Very good! Especially, I like Ms. ○○'s idea; ……

（**2**）　用紙を集め，添削を次回までに行う．

〈例〉 T: Pass your sheet forward, please. I'd like to check your English and give you evaluation as well.

（3） 次回は，「共通する間違い」を全体にフィードバックした後，役割を変えて再度同じ議題で行う．議題に対して両方の立場で意見を書いてもらう．

指導上のポイント

（1） 生徒にいきなり書くように言っても書けないことがよくあるため，生徒の習熟度に応じて，板書やパワーポイントで表現を提示し，音読練習なども取り入れてから始めるとよい．

（2） 短い時間で意見を思いつく必要があるので，意見を考え出すことができずに困っている生徒には教師が近づいて案を日本語で与えてあげることも必要である．

（3） 電子辞書を積極的に活用させる．将来的に電子辞書さえあれば，ある程度の内容を英語で話せるようになってもらいたい．

（4）「質問と意見を混同しない」「発言時間に気を配る」「感情的にならない」「相手を中傷しない」といった討論のルールを守らせる．

（5） 最近の大学入試では，主張や反論を書かせる問題も出てきており，それらの例を時おり示すことでこの活動に対する生徒のモチベーションを上げることができる．

教材の応用例

（1） グループ 本活動を4人組になって行う．2組のペアを作り，1組は簡易ディベートを行い，もう1組はそのジャッジを行うことにする．聞き手が増えることで，活動がさらに本番に近いものとなる．次に，実践するペアとジャッジするペアを交代して行う．

（2） 本活動の「書く」部分は実際にはメモ程度の場合も多い．メモをもとに「話す」ことを重視して行うこともできる．

参考文献

この実践は，並木中等教育学校での公開授業，鮭川好夫氏の「なんちゃってディベート」を参考にした．以下の HP 参照．

〈http://www.kyoiku-press.com/modules/smartsection/item.php?itemid=58355〉（2018 年 11 月 1 日現在）

（寺田義弘）

258　　　　第5章　英作文力をつける活動

ディベートシート1（肯定側）

Debate Sheet （Affirmative Side）

Class No.　Name _____ evaluation __

Motion
English should be taught only by native speakers of English at high school level in Japan.

① 【Argument】（自分の主張）

Affirmative Claim	I strongly believe that........
Advantage (1 sentence)	This is because.
Reason. Proof. (3 sentences)	Therefore, I believe that ......

【Notes】（相手の主張をメモする）

Argument (相手の主張)	

② 【Refutation】（相手の主張に反論する）

Opponent's Summary	You said.
Refutation	However, that is (not true / not always true / doubtful) because.

【Notes】（相手の反論をメモする）

Refutation (相手の反論)	

③ 【Defense】（相手の反論に反論する）

Opponent's Summary	You attacked my argument by saying that......
Refutation (反論に反論)	*However, this is not true because. Therefore, my argument still stands. .

＊相手の主張の前提・思い込みを指摘したい場合（因果が前提の場合は有効）は以下の表現を使用。
Your argument is not true because it is based on the assumption that~.

8 簡易ディベート——即興で意見をまとめて書く　259

ディベートシート2（否定側）

Debate Sheet (Negative Side)

　　　　　　Class　No.　Name　　　　　　　　　evaluation ＿

Motion:
English should be taught only by native speakers of English at high school level in Japan.

① 【Argument】（自分の主張）

Negative Claim	I strongly disagree that........
Disadvantage (1 sentence)	This is because.
Reason. Proof. (3 sentences)	Therefore, I believe that ......

【Notes】（相手の主張をメモする）

Argument (相手の主張)	

② 【Refutation】（相手の主張に反論する）

Opponent's Summary	You said.
Refutation	However, that is (not true / not always true / doubtful) because.

【Notes】（相手の反論をメモする）

Argument (相手の主張)	

③ 【Defense】（相手の反論に反論する）

Opponent's Summary	You attacked my argument by saying that......
Refutation (反論に反論)	*However, this is not true because. Therefore, my argument still stands.

＊相手の主張の前提・思い込みを指摘したい場合（因果が前提の場合は有効）は以下の表現を使用。
Your argument is not true because it is based on the assumption that〜.

索　　引

1. 日本語は五十音順に並べた．英語（で始まるもの）は日本語読みにしている．
2. 数字はページ数を示す．

［あ行］

相づち　92, 125
アウトプット　131, 184
アメリカ英語　16
アルファベット　118, 132, 155
イースターカード　240
イギリス英語　16
一般動詞　218
異文化理解　14, 170, 222, 239
意味上の主語　93
イメージ　70, 143, 150, 151
入れ子構造　194
インタビュー　2, 47, 211
インフォメーション・ギャップ　75
インプット　21, 187
ウォーミング・アップ　44, 88, 114
英英辞典　105, 111, 146
ALT　4, 39, 41, 236
英語教科係　4, 42, 242
絵カード　21, 28, 34, 41, 118, 142
エッセイ　47, 147
オーストラリア英語　18
オーラル・イントロダクション　39, 222
帯活動　41, 44, 49, 59, 81
音読　102, 105, 126, 161, 163, 185, 189,
　210, 256

［か行］

課外活動　170
過去形　8, 81, 88, 220, 229, 234
過去進行形　220
過去分詞形　88
可算名詞　56
家庭学習　170
仮定法過去　101
カルタ　22, 91, 99, 107, 143, 227
関係詞　190
関係詞節　187
関係性　135, 181
関係代名詞　104, 111, 146
冠詞　56, 137
慣用表現　101
緩和　153
キーフレーズ　190
キーワード　21, 29, 33, 40, 190
机間巡視　166
規則動詞　89
気づき　67, 155
疑問詞　60, 111
疑問文　8, 65, 75, 81
教科書準拠 CD　189
強調　153
協働活動　243

261

共有　40, 41, 102, 145, 198, 232, 237, 245, 255
クイズ　2, 14, 57, 81, 138, 234
クイック・レスポンス　162
クラフト　170
クリスマスカード　236
グループ対抗　5, 115, 131
群動詞　91
形式主語　92
形容詞　92, 121, 132, 151
結束性　9
結論文（concluding sentence）　203
原形　88
言語材料　21
現在形　8, 82, 218
語彙　19, 68, 118, 125, 131, 135, 142, 151, 155, 160, 163, 222, 227
後置修飾　106, 187
肯定文　75
国際語　236
国際返信切手券　237
国際郵便　240
語源　155
語根　155
語順　153
コミュニケーション　2, 7, 14, 33, 44, 63, 70, 92, 111, 125, 131, 135, 142, 151, 163, 177, 196, 210, 218, 248
固有名詞　151, 191
コロケーション　134

［さ行］

再現　28, 38
再生　28, 190
サンキュー・カード　241
三人称単数現在形　2, 220, 229, 238
ジェスチャー　43, 131

視覚的　14, 21, 101
思考力　142, 251
自己紹介　7, 47, 80
指示代名詞　92
支持文（supporting sentence）　203
自主学習　41
自主教材　210
辞書　5, 154, 156, 243
時制　218, 232
写真　14, 40, 41, 85, 151, 171, 223, 227, 247
ジャッジ　82, 94, 256
シャドーイング　193
習熟度　8, 17, 24, 30, 35, 40, 64, 72, 91, 121, 135, 144, 186, 191, 201, 224, 246, 256
従属節　99, 194
従属接続詞　99, 187
集中度　56
集中力　14, 59
主格　135
主節　99, 194
主体的　2, 18, 38, 61, 147, 177, 222, 227, 234, 236, 241, 245
主題文（topic sentence）　203
準動詞　190, 194
瞬発力　160
show & tell　224
照応表現　9
紹介　4, 7, 14, 68, 135, 201, 222, 227
職業　104, 142, 151
助動詞 can　2
所有格　135
調べ学習　18, 246
シンガポール英語　18
スキット　234
ステッカー　4, 18, 128
ストーリー・リテリング　21, 28

索　引　263

ストラテジー　218
スピーチ　11, 19, 45, 49, 147, 224, 254
スペリング　19, 90, 121, 129, 143
スモール・トーク　44
スライド　14, 247
スラッシュ・リーディング　184, 189
There is/There are 構文　63, 70
正確さ　49, 73
接続詞　9, 99, 190
接頭辞　155
接尾辞　155
先行詞　106, 113
前置詞　68, 70, 190, 220
前置詞句　187
即時的　49, 177
速読　170
即興　21, 38, 45, 49

[た行]

タイマー　34, 42, 49, 119, 132, 163, 230, 251
代名詞　92, 106
他己紹介　80
タスク　47, 203
ダミー　89, 143
tally marks のつけ方　60
単元　14, 23, 128
単語カード　22, 59, 144
談話標識　203
直接話法　234
定冠詞　59
定義文　134
ディクテーション　31, 129
Discourse Marker　208, 224, 233
ディベート　251
天候を表す it　92
添削　35, 48, 51, 255

電子辞書　251
同意語　91
動機　25, 128, 236
動詞　81, 88, 93, 132, 191
動詞の活用　10, 88
動名詞　241
トピック　44, 50, 228

[な行]

投げ込み教材　163
人称　75, 232
人称代名詞　135
ノンバーバル・コミュニケーション　131

[は行]

バースデーカード　240
パターン・プラクティス　63, 177
発信　106, 148
パフォーマンス・テスト　43, 47
場面　5, 199
パラグラフ　9, 178
パワーポイント　14, 85, 256
反意語　156
板書　35, 64, 83, 129, 138, 156, 178, 198, 256
判断力　251
反応　92, 125, 132, 164, 197
パンフレット　245
反論　253
ピコピコハンマー　56
否定辞　158
否定文　75, 81
表現力　142, 251
ビンゴ　94, 125
ピンポンブザー　3, 81
PC 語　145

be 動詞　67, 153
Pre-reading　177
ファンレター　172, 236
フィードバック　43, 256
付加疑問文　78
不可算名詞　56
不規則動詞　81, 88
副詞　65, 151
副詞節　99
復習　7, 14, 25, 36, 40, 63, 81, 88, 125,
　133, 167, 230
複数形　238
複文　99, 114
不定冠詞　56
不定詞　85, 92, 101
不定詞句　187
フラッシュカード　160
振り返り　31, 238
ブレーンストーミング　142
文学作品　210
文構造　153, 194
分詞構文　101
文法訳読法　184
分類　142, 153
ペアワーク・フォーメーション　84, 166
平叙文　81
補語　153
Post-Reading　21, 28
Political Correctness　150

［ま行］

マッピング　51

学び合い　43
未習　5, 30, 93
未知語　155
ミニブック　24
未来（形）　8, 234, 247
名詞　67, 113, 121, 132, 151, 187
メモ　8, 29, 39, 43, 50, 77, 82, 253
文字指導　118
モチベーション　236, 256
モニタリング　51
物語　21, 28, 38, 232

［や行］

要約　33, 191, 203
予習　167

［ら行］

ラミネート　41, 228
リアル　44, 52
リテリング　189
流暢さ　49
旅行計画書　245
レシピ　171
レポート　19, 172

［わ行］

ワードカウンター　49
話題　43, 81, 105, 135
和訳先渡し　184

執筆者一覧

編　者
小田 寛人（おだ ひろと）
常葉大学短期大学部教授，元文部科学省教科書調査官

江藤 秀一（えとう ひでいち）
常葉大学学長，筑波大学名誉教授

執筆者
安部 肇子（あべ はつこ）
国士舘大学語学非常勤講師，元神奈川県横浜市立中学校教諭

稲垣 浩二（いながき こうじ）
東京都立葛飾野高等学校教諭

稲葉 英彦（いなば ひでひこ）
静岡大学教育学部准教授

木宮 暁子（きみや あきこ）
常葉大学附属常葉中高等学校校長

白羽 麻衣子（しらは まいこ）
大阪府堺市教育委員会指導主事

鈴木 修平（すずき しゅうへい）
苫小牧工業高等専門学校准教授

鈴木 洋介（すずき ようすけ）
静岡聖光学院中学校高等学校教諭

田並 正（たなみ ただし）
岐阜県立中津高等学校教諭

寺田 義弘（てらだ よしひろ）
茨城県立竜ヶ崎第一高等学校教諭

永倉 由里（ながくら ゆり）
常葉大学名誉教授

溝下 肇（みぞした はじめ）
岐阜県立関有知高等学校教諭

山﨑 浩之（やまざき ひろゆき）
茨城県立佐和高等学校校長

協力者（英文校閲）
David William Hunt（デイヴィッド ウィリアム ハント）
元常葉大学短期大学部教授

協力者（イラスト）
鈴木 里実子（すずき りみこ）
常葉大学造形学部卒業生

謝辞

　本書に提示した内容は，各教員が日ごろの授業で実践しているものであり，その基底部分はさまざまな先行する参考文献や各種の研修会におけるモデル授業など，多くのほかの先生方に負うところが大であります．実際の授業で活用される場合は，それぞれの学校や生徒の実情に合わせて，さらに調整してご利用いただければ幸いです．

執筆者一同

英語教師力アップシリーズ④
授業力アップのための**英語授業実践アイディア集**

編　者	小田寛人・江藤秀一
発行者	武村哲司
印刷所	日之出印刷株式会社

2018 年 11 月 27 日　第 1 版第 1 刷発行ⓒ
2023 年 9 月 24 日　　　第 2 刷発行

発行所　　株式会社　開　拓　社

〒 112-0013 東京都文京区音羽 1-22-16
電話　（03）5395-7101（代表）
振替　00160-8-39587
http://www.kaitakusha.co.jp

ISBN978-4-7589-1354-6　C3382

JCOPY ＜出版者著作権管理機構 委託出版物＞
本書の無断複製は，著作権法上での例外を除き禁じられています．複製される場合は，そのつど事前に，出版者著作権管理機構（電話 03-5244-5088, FAX 03-5244-5089, e-mail: info@jcopy. or.jp）の許諾を得てください．